# 責任ある研究のための
# 発表倫理を考える

東北大学高度教養教育・学生支援機構 編

東北大学出版会

Publication Ethics and Considerations for
Responsible Research Conduct
Institute for Excellence in Higher Education, Tohoku University
Tohoku University Press, Sendai
ISBN978-4-86163-278-5

# はじめに

菅谷奈津恵（東北大学）

## 1. 発表倫理とは

　本書は研究倫理のなかでも、発表倫理（publication ethics）に着目したものである。発表倫理とは、オーサーシップの問題など、研究成果の発表に関する倫理である。山崎(2013)は、「研究活動は成果の発表をもって完結するものであり、研究発表の倫理を検討することで、研究の着想とデザインから、実験や調査、データの分析と解釈、論文執筆といった研究活動全体を再チェックできる」(p.4)と述べ、その重要性を指摘している。責任ある研究を遂行する上で、成果発表のルールの確立は喫緊の課題である。

　こうした背景を踏まえて、東北大学高度教養教育・学生支援機構では、発表倫理に関して一連のセミナーを開催してきた。2014年6月、2015年6月には、吉村富美子氏を講師とし、「盗用と言われない英語論文の執筆」と題するセミナーを実施した。セミナーでは、引用作法の認識は、英語圏と日本で大きな違いがあること、文系・理系でも慣習の違いがあることが論じられた。続いて2016年7月には、オーサーシップや二重投稿等へもテーマを広げて、「発表倫理を考える」と題するセミナーを開催した。その際には、吉村氏に加え、当分野の第一人者である山崎茂明氏、生命科学分野の大隅典子氏、人文社会科学分野の羽田貴史氏を講師として迎え、多角的な視点から議論を行った。

　盗用防止については、学生への教育という点でも耳目を集める問題であり、学外の活動でも取り組んできた。2014年12月に開催された第二言語習得研究会全国大会では、言語学習における盗用問題をテーマとしたパネルディスカッションを実施した。本稿第II部の著者3名（石井

怜子氏、鎌田美千子氏、吉村富美子氏）は、このパネルの登壇者であり、筆者は企画者をつとめていたという経緯がある。

## 2. 本書の構成

本書は、上記のセミナーやパネルディスカッションの成果をもとに、発表倫理をめぐる議論を発展・拡充したものである。全体構成は、「研究倫理の動向と発表倫理」（第 1 章～第 4 章）、「言語教育から見た盗用問題」（第 5 章～第 7 章）の 2 部からなる。

第 1 章では、研究倫理推進の課題について、羽田氏が国内外の動向をもとに論じている。羽田氏は、規則や規制をもとにしたコンプライアンス型の戦略（ハード・コントロール）と、誠実な研究を志向する文化を醸成するインテグリティ戦略（ソフト・コントロール）の二つの戦略を挙げている。だが、現実には、文科省によるガイドライン自体にも課題があり、大学間、あるいは大学内部の部局間でも、研究不正の定義が異なるなどの齟齬が生じているという。こうした現状は、研究倫理教育の推進といったソフト・コントロールの上でも懸念材料となるだろう。

第 2 章は、研究倫理の問題に先駆的に取り組んできた山崎氏による論考である。山崎氏は研究不正への対応を病理学的なアプローチになぞらえ、問題を起こした個人だけを見るのではなく、その原因となった環境を検討し、予防と教育を行うことが重要だと述べている。特に着目するのが、オーサーシップの厳正な運用である。ギフト・オーサーシップをはじめとする不適切なオーサーシップが、研究不正を招き、責任ある研究の妨げとなることを指摘している。

続く二つの章は、分野毎の慣習と倫理問題の事例を解説したものである。第 3 章では、大隅氏が生命科学分野の立場から、「ディジタル時代」における留意点を中心に報告している。取り上げられた具体例によって、当該分野の研究スピードと競争の厳しさを、筆者のような分野外の者もうかがい知ることができる。例えば、査読システムは発表倫理の重要なテーマの一つだが（山崎, 2013）、2 週間という短期間での査読が一般

的であるという。データの「仮置き」や画像データの捏造、改ざんなどの解説は、大きな社会問題となった事例を髣髴とさせるものである。

　羽田氏は第4章では、人文社会科学分野における発表倫理について、学会規定や過去の問題事例を報告している。例えば、論文の投稿規程では、二重投稿の禁止が多くの学会で明記されているが、「未発表論文」の定義は様々であり、線引きの難しさを指摘している。さらに、インフォームド・コンセントや個人情報の保護をめぐる分野間、研究者間の認識の乖離にも触れ、倫理規範の共通化が必要なことに言及している。アイデアの盗用などの不正が発覚した後の学会における対応の問題点にも触れており、貴重な事例報告となっている。

　第Ⅰ部では、発表倫理に関わる制度化の課題やオーサーシップ、査読システム等の問題を広く取り上げていたのに対し、第Ⅱ部では、盗用に焦点を絞って論じている。学生レポートの「コピペ」は教員の悩みの種だが（山口，2013）、本書の特徴は、この盗用問題を言語教育の観点からとらえた点である。

　第5章では、石井氏は適切な引用の前提として、高等教育で求められる読解について議論している。レポートや論文の執筆というと、書くことに目が行きやすい。だが、読解力が不足していれば、参考資料を理解し、自分の文章に適切に引用して組み込むことはできない。石井氏の主張で興味深いのは、大学生が入学前に読んできた文章と、入学後に読むべき専門的な文章とが大きく異なるという見解である。そして、具体的な文章例を挙げながら、説明文や論証文の論理関係を吟味し、批判的に検討する練習が必要なことを指摘している。

　第6章の鎌田氏は、日本語でのパラフレーズに焦点を当てて解説している。同章の冒頭で指摘されているように、学生が行う「間接引用」には、原文の内容を適切に言い換えることができず、表現の盗用となっているものがしばしば見受けられる。こうした状況に対して鎌田氏は、初心者に対してはまずは直接引用の指導を優先し、徐々に間接引用に習熟させるべきであることを指摘している。パラフレーズの習得と指導方法

を研究してきた鎌田氏の主張には、非常に説得力がある。

　石井氏、鎌田氏は日本語教育が専門であり、その解説も日本語教育・国語教育を中心としたものであった。第7章の吉村氏は、英語教育の観点から検討している。その主張は、章題の「表現の盗用―倫理問題と呼ばれる語学問題―」に端的に表れている。盗用というと倫理観の欠如とみなされやすいが、実際には、引用作法の知識不足や言語能力の不足が原因である場合も多い。吉村氏は、表現の盗用を防ぐためには語学面での支援が重要であることを述べ、文献研究や言い換えの具体的な指導方法を提示している。

　吉村氏の論考からもうかがえるように、英語圏では盗用についての研究や教育実践が豊富であり、日本でも学ぶべき点は多い。本書では第2部の付録として、WPA（Council of Writing Program Administrators）のウェブサイトで公開されている盗用防止に関する声明の翻訳も掲載している。WPAはアメリカのライティング教育に関する代表的機関であり、ライティング指導について信頼性の高い情報を発信している。盗用を防ぐために、ライティング・プログラムの管理者や教師、学生がどのような点に留意すべきか、日本での教育にも有益な示唆が得られるはずである。

　発表倫理を正しく理解しないと、盗用や不適切なオーサーシップ、二重投稿など、様々な倫理的問題が生じる可能性がある。本書は専門分野を越えて、発表倫理に関する対話を目指した試みである。

【参考文献】
山口裕之（2013）『コピペと言われないレポートの書き方教室』新曜社.
山崎茂明（2013）『科学者の発表倫理：不正のない論文発表を考える』丸善出版.

[目　次]

はじめに　　　　　　　　　　　　　　　　　　　菅谷奈津恵　　i

## 第 I 部　研究倫理の動向と発表倫理
　第 1 章　研究倫理推進の制度化の課題　　　　　羽田　貴史　　3
　第 2 章　発表倫理を考える　　　　　　　　　　山崎　茂明　　23
　第 3 章　生命科学系論文の作法
　　　　　　―ディジタル時代に必要なスキルと倫理観―　　大隅　典子　　39
　第 4 章　人文・社会科学分野における研究倫理の課題
　　　　　　　　　　　　　　　　　　　　　　　羽田　貴史　　65

## 第 II 部　言語教育から見た盗用問題
　第 5 章　大学で必要とされる読みとは何か　　　石井　怜子　　85
　第 6 章　言語教育から引用の問題を考える
　　　　　　―パラフレーズを中心に―　　　　　鎌田美千子　　107
　第 7 章　表現の盗用
　　　　　　―倫理問題と呼ばれる語学問題―　　吉村富美子　　129

付録　盗用を定義し避ける
　　　―優れた実践に関する WPA の声明―　　監訳：吉村富美子
　　　　　　　　　　　　　　　　　　　　　　　翻訳：菅谷奈津恵　　147

おわりに　　　　　　　　　　　　　　　　　　　菅谷奈津恵　　159
執筆者一覧　　　　　　　　　　　　　　　　　　　　　　　　　163

# 第Ⅰ部

# 研究倫理の動向と発表倫理

# 第1章　研究倫理推進の制度化の課題[1]

羽田　貴史（東北大学）

## 1.　研究倫理構築に関する課題

### 1-1.　コンプライアンス戦略とインテグリティ戦略

　この30年間、世界的に研究倫理の構築が叫ばれ、アメリカ研究公正局（The Office of Research Integrity）[2]などが主催する研究誠実性に関する世界会議（The World Conference on Research Integrity）がすでに4回開催されている[3]。研究倫理は、研究者個人や機関個人レベルにとどまるものではなく、国家の枠を超え、世界共通のイシューとなっている。研究倫理を支える関係者は、国によって多様であり、政府関係機関、研究資金提供機関、学協会などの結びつきによってナショナル・レベルのシステムが構築されている。

　日本の場合は、2014年の文部科学大臣決定「研究活動における不正行為への対応等に関するガイドライン」（以下、2014ガイドライン）によって、大学の管理責任が強化されたことが大きく寄与している。同ガイドラインは、履行状況調査も定めており、科学技術・学術政策局長決定「研究活動における不正行為への対応等に関するガイドラインに基づく調査及び措置に関する要項」（2015年6月12日）によって、履行状況調査とフォローアップが行われている。履行状況調査によると、研究倫理教育の制度化は約87%の大学・短大・高等専門学校で実施され、その義務化は約57%、研究データ保存の規定化は約59%、不正行為への対応手続き制定は約85%と定着が見られる（文部科学省科学技術・学術政策局人材政策課研究公正推進室 2016）。

　研究倫理への関心と取り組みが国レベルで進められるようになったのは、この10年ほどであり、文科省など中央省庁によるガイドラインの

制定と、機関での具体化が大きな役割を果たしている。それは、コンプライアンス戦略に基づくものであるが、それだけでは不十分である。Gallant（2008：34）は、インテグリティを実現する組織戦略として「コンプライアンス戦略（rule compliance strategy）＝行動のための規則制定とその遵守」と「誠実性戦略（integrity strategy）＝責任ある行動ができるようになることを模索」の2つの戦略があることを示す。これは、主として学生の行動に関するものだが、研究倫理の構築にも妥当するといえる。同様に、企業倫理リスクの実務の立場から上田（2014）は、リスクマネジメントの手法として、マニュアルや法的規制による「ハード・コントロール」（＝コンプライアンス重視型アプローチ）と信頼やネットワークの醸成による「ソフト・コントロール」（＝価値共有型アプローチ）とがあるとし、ソフト・コントロールの重要性を説く。

研究倫理も、責任ある研究活動のためには、双方の戦略が必要だが、各種の法令・指針に基づいて実行する行政主導は、必然的にコンプライアンス型の手法にならざるを得ない。どんなにコンプライアンス戦略を推進しても、研究プロセスそのものは、独立して研究活動を行う研究者が掌握するものであり、そこに立ち入って統制を行うことは不可能である。明文化された手続規範を周知し、その遵守によって倫理を維持するコンプライアンスマネジメントと、倫理学習、院生指導、メンターの活動を通じた研究倫理文化の定着を中心とするマネジメントとがあり、両者を統合的に推進することが重要である。

## 1-2. インテグリティ戦略の弱さ

インテグリティ戦略の主体は、学協会と大学等機関以外にはありえない。特に、もっとも重要な役割を果たすのは、研究者の訓練を行い、研究者が研究活動を行う大学・研究所等の機関である。しかし、大学・研究機関や学会等学術界のリーダーシップが十分発揮されているとはいいがたい。例えば、2016年度において、文部科学省主催による「研究活動における不正行為への対応等に関する説明会」が2回開催されたが、

同ガイドラインによって自浄作用の主体として期待されている日本学術会議をはじめとする学協会や大学団体が、ナショナル・レベルでの研究倫理に関する会議等を開催することはなかった。欧州においては 22 か国 31 の研究資金機関と科学機関 53 が参加して「研究誠実性のための欧州行動規範」（The European Code of Conduct for Research Integrity）を作成したのとは大きな違いがある。

また、2014 ガイドラインは、「科学コミュニティにおいて、各研究分野において不正行為が疑われた事例や国際的な動向等を踏まえて、学協会の倫理規程や行動規範、学術誌の投稿規程等で明確にし、当該行為が発覚した場合の対応方針を示していくことが強く望まれる」と述べているが、科研費による調査では、2012 年の時点で学協会の方が研究倫理規範の制定に立ち遅れが見られる（東北大学高度教養教育・学生支援機構 2015：159-161）。

## 2. 研究不正をめぐる課題

　研究倫理に関する対話を進める上でも、研究倫理をめぐる諸課題を共有することが極めて重要である。機関レベルでは、2014 年ガイドラインに基づいた制度化を進めているが、ガイドライン自体にも課題があり、機関や学協会レベルでは、それを視野に入れた対応が求められるからである。以下に問題点を指摘する。

### 2-1. 研究不正の定義

　2014 年ガイドラインは、捏造、改ざん及び盗用を「特定不正行為」と定義し、「研究機関における研究活動の不正行為への対応に関するルールづくりは、……〔文部科学省関係の資金による研究活動での捏造、改ざん、盗用〕に限定するものではない」（p. 10）と述べ、不正行為を、いわゆる FFP（Fabrication：捏造、Falsification：改ざん、Plagiarism：盗用）に限定しないことを明らかにした。国際的には、FFP が不正行為であることは共通しているが、オーストラリア、中国、クロアチアなど

では、ゴースト・オーサーシップも不正とみなし、クロアチア、フィンランド、インド、オランダなどでは、他人の研究の歪曲も加えるように、不正の概念はより広い。

しかし、ガイドラインは、「科学コミュニティにおいて、各研究分野において不正行為が疑われた事例や国際的な動向等を踏まえて、学協会の倫理規程や行動規範、学術誌の投稿規程等で明確にし、当該行為が発覚した場合の対応方針を示していくことが強く望まれる」と述べているにとどまる。図表1は、2014年に行われた東北大学公正研究推進委員会専門委員会による部局別調査であり、各部局に何を研究不正とみなすかを問うたものである。一瞥して明らかなように、不正をFFPにのみ限定している部局は1つだけだが、各部局を越えて共通するのもFFPのみである。何を不正とみなすかは、それぞれの研究分野の慣行等に規定されて部局間で多様である。しかし、ガイドラインの枠組みは、機関単位での管理責任を問うものであり、その結果、機関単位での研究不正概念と部局間とのずれが発生している。

先の履行状況調査においても、各大学が不正とみなす行為は拡大している。告発を受けて調査する行為としてFFPのみをあげるのは40%であり、二重投稿31%、不適切なオーサーシップ31%、利益相反28%も実質的に不正行為とみなされて拡大の方向にあるが、このことは同じ行為が機関によって扱いが違うことを意味する。二重投稿は、近年各種の学会で厳しく規制しているが、仮にこれに違反する投稿者について所属機関へ通知しても扱いが異なることになる。ちなみに出版倫理委員会[4]（Committee on Publishing Ethics）のマニュアルでは、図表2のような手順になっている。

2-2. 不適切なオーサーシップを不正行為とみなすか

オーサーシップについては、まだ理解が不十分である。この分野での国際的基準としては、国際医学雑誌編集者委員会（International Committee of Medical Journal Editors：2013）が1978年から公表している投

第1章　研究倫理推進の制度化の課題

## 図表1　東北大学における部局別研究不正事項

| | 捏造 | 改竄 | 盗用 | 重複発表 | サラミ出版 | 不適切なオーサーシップ | 研究費の不正使用 | 研究搾取 | プライバシーの侵害 | 利益相反 | インフォームドコンセントのない研究 |
|---|---|---|---|---|---|---|---|---|---|---|---|
| 文学研究科 | ○ | ○ | ○ | | | | ○ | ○ | ○ | ○ | |
| 教育学研究科 | ○ | ○ | ○ | ○ | | | ○ | ○ | ○ | ○ | ○ |
| 法学研究科 | ○ | ○ | ○ | | | | ○ | ○ | ○ | ○ | ○ |
| 経済学研究科 | ○ | ○ | ○ | | | | ○ | | | | |
| 理学研究科 | ○ | ○ | ○ | | | | ○ | | | | |
| 医学系研究科 | ○ | ○ | ○ | | | | ○ | | ○ | | ○ |
| 歯学研究科 | ○ | ○ | ○ | ○ | | ○ | ○ | | | | |
| 薬学研究科 | ○ | ○ | ○ | | | | ○ | | | | |
| 工学研究科 | ○ | ○ | ○ | | | | ○ | | | | |
| 農学研究科 | ○ | ○ | ○ | | | | ○ | | | | |
| 国際文化研究科 | ○ | ○ | ○ | ○ | | | ○ | | | | |
| 情報科学研究科 | ○ | ○ | ○ | | | | ○ | ○ | ○ | ○ | |
| 生命科学研究科 | ○ | ○ | ○ | ○ | | | ○ | | | | ○ |
| 環境科学研究科 | ○ | ○ | ○ | ○ | ○ | ○ | ○ | | | | ○ |
| 医工学研究科 | ○ | ○ | ○ | ○ | | | ○ | | | | ○ |
| 教育情報学 | ○ | ○ | ○ | | | | ○ | | | | |
| 金属材料研究所 | ○ | ○ | ○ | | | | ○ | | | | |
| 加齢医学研究所 | ○ | ○ | ○ | | | | ○ | | | | |
| 流体科学研究所 | ○ | ○ | ○ | | | | ○ | | | | |
| 電気通信研究所 | ○ | ○ | ○ | | | | ○ | | | | |
| 多元物質科学研究所 | ○ | ○ | ○ | | | | ○ | ○ | ○ | | |
| 災害科学国際研究所 | ○ | ○ | ○ | ○ | | | ○ | ○ | | ○ | |
| 高度教養教育・学生支援機構 | ○ | | | | | | | | | | |
| 学際科学フロンティア研究所 | ○ | ○ | ○ | | | | ○ | ○ | | | |
| 学術資源研究公開センター資料館 | ○ | ○ | ○ | ○ | ○ | | ○ | ○ | ○ | ○ | ○ |
| サイクロトロン | ○ | ○ | ○ | | | | ○ | | ○ | | |
| NICHe | ○ | ○ | ○ | | | | ○ | | | | |
| サイバーサイエンス | ○ | | | | | | ○ | | | | |
| AIMR | ○ | ○ | ○ | ○ | | | ○ | | | | |
| メディカルメガバンク | ○ | ○ | ○ | ○ | ○ | | ○ | | | | ○ |
| 国際集積エレクトロニクス | ○ | ○ | ○ | | | | ○ | | | ○ | |

## 図表2 二重投稿・出版の疑義に対する編集者の対応マップ

(COPE, What to do if you suspect redundant (duplicate) publication: http://publicationethics.org/files/redundant%20publication%20A_0.pdf 2016.12.21 アクセス)

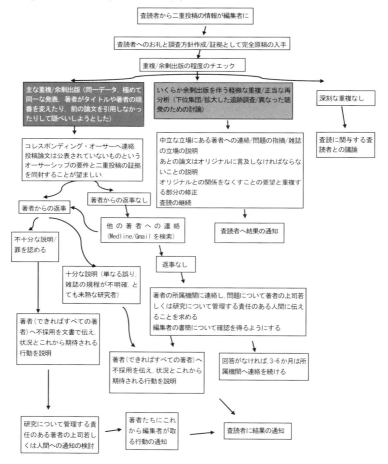

稿規程（Uniform Requirements for Manuscripts Submitted to Biomedical Journals）がある。同規程は、オーサーシップや二重投稿についての定義を明確にしており、日本医学会医学雑誌編集ガイドライン（2015年3月）は、世界医学雑誌編集者協会（WAME）の声明とともに、ICMJE

の規程を参照して作成されている。ICMJE 規程は、2013 年から「医学雑誌の学術研究の実施、報告、編集、出版に関する勧告」（Recommendations for the Conduct, Reporting, Editing, and Publication of Scholarly Work in Medical Journals）と改称された。オーサーシップについては、それ以前の ICMJE 基準で、① 構想と研究デザイン、もしくはデータ取得、またはデータの解析と解釈に対する実質的貢献、② 論文の起草、または重要な知的内容に対する改訂への貢献、③ 掲載されることになる版の最終承認の 3 つすべてを満たすことを著者の要件としていたが、2013 年改正で、④ 研究のあらゆる部分について、正確さと誠実さに関する疑問に適切に説明できることに同意すること、を追加した。また、付記して、論文中で自分が担当した部分への説明責任と同時に、共同論文の自分以外の執筆部分について、誰が責任を持っているかを知っているべきと述べている。

　責任あるオーサーシップの確立は、きわめて重要な課題である。なぜなら、オーサーシップの乱れは、責任ある研究活動に基づいて研究発表が行われていないことを示し、FFP のような特定研究不正の温床となる場合があるからである。研究不正の世界記録と言われる東邦大学医師大量捏造論文事件の場合、捏造は単独で行われ、論文 172 本に不正があった（公益社団法人日本麻酔科学会 F 氏論文調査特別委員会 2012）[5]。共著者には、オーサーシップの資格を満たさないのに名前を連ね、業績として利用していた者から、共著者になったことも知らされない者もおり、責任には軽重があるとされている。大学院時代の指導教官 A は 113 本に共著者となり、捏造疑惑が出ても対処しなかった。私立大学教員 C は 38 本に共著者となっていたが、専門が異なるが業績を増やすための互恵関係であり、相互にゴースト・オーサーシップとなっていた。

　東京大学医学部特任研究員 Mo による業績捏造事件の場合は、共著者であった附属病院教員 Mi が論文の確認を行わず、事実上ゴースト・オーサーとなっていた（東京大学 2013）。Mi は懲戒処分を受けた。また、東京医科歯科大学は、元指導教員の東京医科歯科大学教授 S が Mo の論

第Ⅰ部　研究倫理の動向と発表倫理

**図表 3　主要研究大学の研究不正定義一覧**

| | 特定不正行為 | 不正行為 | 発表との関連 | 不適切な行為 | 調査の対象 | 根拠規定 |
|---|---|---|---|---|---|---|
| 北海道大学 | 定めなし | FFP、二重投稿、不適切なオーサーシップ及び証拠隠滅、妨害行為 | 研究活動上の行為 | 定めなし | 不正行為 | 国立大学法人北海道大学における研究活動上の不正行為に関する規程、2015 年 7 月改正 |
| 東北大学 | FFP | 研究倫理の共通事項からの著しい逸脱行為があり、不正行為として審査委員会が大学として対応が必要であると判断したもの | 発表された研究成果の中 | 定めなし | 特定不正行為及び不正行為 | 研究活動における不正行為への対応ガイドライン、2015 年 3 月改正 |
| 筑波大学 | 定めなし | FFP及びそれ以外で科学者の行動規範及び社会通念に照らしての研究倫理のはなはだしいもの | 発表された研究成果に限定せず | 定めなし | 不正行為 | 筑波大学研究公正規則、2016 年 7 月改正 |
| 東京大学 | 定めなし | FFP及び証拠隠滅、妨害行為 | 研究成果の作成及び報告の過程 | 定めなし | 不正行為 | 東京大学科学研究行動規範委員会規則、2016 年 1 月 28 日改正 |
| 東京工業大学 | FFP | 定めなし | 発表された研究成果に限定せず | 二重投稿(二重出版)、分割出版)、不適切なオーサーシップ | 特定不正行為 | 国立大学法人東京工業大学における公正な研究活動に関する規則、2015 年 3 月制定 |
| 一橋大学 | FFP | FFP、二重投稿、不適切なオーサーシップ等、研究活動上の不適切な行為であって、科学者の行動規範及び社会通念に照らして研究者倫理からの逸脱の程度が甚だしいもの | 発表された研究成果に限定せず | 定めなし | 特定不正行為 | 一橋大学における公正な研究活動の推進に関する規則、2015 年 11 月 4 日施行 |
| 早稲田大学 | 定めなし | 捏造、改ざん、盗用の行為による恣意的に取得した試資料等の利用、盗用、試資料等の不正取得そのほか、資料等前各号に掲げるもののほか、不正な手段により試資料等を取得、公表もしくは伝達すること | 発表された研究成果に限定せず | 定めなし | 不正行為 | 研究活動に係る不正防止および不正行為への対応に関する規程、2016 年 1 月 28 日改正 |

10

第 1 章　研究倫理推進の制度化の課題

| 大学 | 盗用 | 定義の内容 | 対象範囲 | その他 | 区分 | 規程名 |
|---|---|---|---|---|---|---|
| 慶應義塾大学 | 定めなし | 捏造、改ざん、盗用及び同一の研究成果の重複発表、論文著者が適正に公表されない不適切なオーサーシップ | 発表された研究成果に限定せず | 定めなし | 不正行為 | 研究活動における不正行為に関するガイドライン、2010年2月19日制定 |
| 名古屋大学 | 定めなし | FFP | 発表された研究成果に限定せず | 定めなし | 不正行為 | 名古屋大学における研究上の不正行為に関する取扱規程、2015年9月30日改正 |
| 京都大学 | 定めなし | FFP | 発表された研究成果に限定せず | 定めなし | 不正行為 | 京都大学における公正な研究活動の推進等に関する規程、2015年2月24日制定 |
| 大阪大学 | FFP | FFP、二重投稿、不適切なオーサーシップ等、科学者の行動規範及び社会通念に照らして研究者倫理からの逸脱の程度が甚だしいもの | 投稿論文など作成された成果の中 | 定めなし | 特定不正行為 | 大阪大学における公正な研究活動の推進に関する規程、2016年4月1日施行 |
| 神戸大学 | 定めなし | FFP及びそれ以外の不適切な行為であって、科学者の行動規範及び社会通念に照らして研究者倫理からの逸脱の程度が甚だしいもの | 作成又は報告の過程 | 具体的に明記 | 不正行為 | 神戸大学における学術研究に係る不正行為の防止等に関する規則、2016年9月30日改正 |
| 広島大学 | 定めなし | FFP及び証拠隠滅、妨害行為 | 研究成果の作成及び報告 | 定めなし | 不正行為 | 広島大学における研究活動に係る不正行為への対応に関する規則、2014年9月22日改正 |
| 九州大学 | 定めなし | FFP、虚偽の記述又は捏造、改ざん若しくは盗用に準ずる行為及び証拠隠滅、妨害行為 | 発表された研究成果に限定せず | 定めなし | 不正行為 | 国立大学法人九州大学の適正な研究活動に関する規程、2015年11月27日改正 |

\* FFP：捏造、改ざん、盗用
\*\* 筑波大学研究公正規則における科学者の行動規則が何を指すかは規定されていない。

文多数の共著者となっていたが、「実際の研究に携わらず、研究内容等の検証を行うこともなく、論理的校正のみの検証を行っただけで共著者、特にラスト・オーサーとなったことや専門知識がない非専門分野であるにもかかわらず共著者として名を連ねていることは、研究者としてあるまじき行為と言わざるを得ない」（Mo 氏と本学の教員との共著論文に関する調査委員会 2012）と指摘した。S 教授は、この結果、停職2か月の処分を受けている[6]。

東京大学分子細胞生物研究所論文不正事件の場合、例を見ないほどの組織的な不正を継続的に行っており、データの仮置きという名のプロセスにおける捏造、グループ間の対話を禁止する閉鎖的な運営とともに、筆頭著者が転出してから論文が執筆され、筆頭著者が論文の内容を知らないことが多々あり、安易に共著者に名前を連ねるといった慣習が存在したことが指摘されている（東京大学科学研究行動規範委員会 2014）。これらの事例は、オーサーシップの乱れは、研究不正に対する罪悪感を引き下げるだけでなく、研究者相互のチェック機能を弱め、特定研究不正行為の温床となりうることを示している。

このように、責任あるオーサーシップの確立が大きな課題になっているにもかかわらず、残念なことに、国内の研究者 3,499 人対象調査では、15% しか ICMJE 基準（2013 年以前）を満たしておらず（Yukawa, et al. 2014）、海外事例研究では過半数以上が要件を満たしているのとは大きな違いがある。日本では名誉オーサーシップが多く、権力構造に由来するものといえる（北仲・横山 2016）。

国内の主要研究大学における研究不正の定義を整理したのが図表3である。二重投稿と不適切なオーサーシップは、北海道大学、一橋大学、大阪大学では研究不正として定められ、東京工業大学は不適切な行為として禁止している。しかし、北海道大学の場合は告発対象となるが、大阪大学や一橋大学の場合は、対象とならない。これでは、ある論文が二重投稿で問題になっても、所属機関によって調査の対象にならないといった矛盾が生じかねない。

## 2-3. プロセスの扱い

　不正行為をめぐる大きな問題は、2014年ガイドラインが、2006年のガイドラインを引き継ぎ、「投稿論文など発表された研究成果の中に示されたデータや調査結果等の捏造、改ざん及び盗用」〔圏点筆者〕としていることである。国際的には、研究不正は発表時の論文等に限定されるものではない。アメリカ研究公正局は、「研究不正は、研究の計画、実行、解析、及び研究結果の報告における、捏造、改ざん及び盗用」と定義しており、プロセスにおける捏造、改ざん及び盗用を不正に含めている。

　しかし、ガイドラインはもとより、文部科学省「『研究活動における不正行為への対応等に関するガイドライン』に係る質問と回答（FAQ）」[7]も、「Q3-9　研究活動における不正行為は、「公表前」の研究成果に関する行為も含まれうるのでしょうか」という設問に対し、「A3-9　本ガイドラインの対象となる特定不正行為は、投稿論文など発表された研究成果に関する行為に限ります。投稿論文については、論文が掲載された時点を発表とみなします。したがって、論文を投稿したものの出版社によって掲載を拒否された研究成果など、公表されていないものについては、本ガイドラインの対象外となります」との回答を載せている。これでは、研究プロセスにおいて、偽造・捏造・盗用が行われても見過ごされ、学会誌に投稿された論文に偽造・捏造・盗用があっても、不正ではないという強弁を招きかねない。

　そもそも、学会への投稿論文に不正の疑いが生じ、調査の結果不正とみなされた場合は、学会は棄却するのが当たり前であり、一定の期間の投稿禁止などの制裁を科している学会もある（日本教育工学会）。研究不正を発表された成果に限る理由が理解できない。

　図表3が示すように、研究大学でも不正行為を発表されたものに限定するのはごく一部であり、東京大学科学研究行動規範委員会規則第2条は、「『不正行為』とは、研究成果の作成及び報告の過程において、故意又は研究者としてわきまえるべき注意義務を著しく怠ったことによる、

次に掲げる行為をいう」と定め、東京工業大学における研究者等の行動規範は、「7　研究者は、自らの研究の立案・計画・申請・実施・報告などの過程において、本規範の趣旨に沿って誠実に行動する。……研究・調査データの記録保存や厳正な取扱いを徹底し、捏造、改ざん、盗用などの不正行為を為さず、また加担しない」と定義している。もちろん、研究不正の定義は学界・研究機関など研究者コミュニティの責任においてなすべきものだが、コンプライアンス戦略で研究倫理の構築が進められている現在、誤解を招くようなガイドラインは改正すべきだろう。

## 3.　大学におけるリスクとしての研究活動

　ハード・コントロールであれソフト・コントロールであれ、研究不正の防止という次元を超え、責任ある研究活動を実現するためには、研究活動が商業化された利益を追求して事実を歪めたり、業績かせぎによって利益を得たりするような行動を規制し、研究者の良心が機能する環境を醸成しなければならず、大学など研究機関の果たす役割は大きい。こうした活動は、従来、研究者個人の自由に委ねられていた領域を大学運営が対象とすることになり、その意味付けが重要になる。

　第1に重要なのは、科学研究自体が社会経済的に重要な意味を持ち、巨大科学化するとともに、遺伝子研究など人間に大きな影響を与える段階に至ったことであり、学問の自由と自治とは社会から負託された自治としての意味も持ち、研究者個人や機関の恣意的な自治ではないことの確認である（日本学術会議学術の社会的役割特別委員会 2000）。

　第2に重要なことは、その自由と自治は、研究者個人のレベルを超え、「大学全体としての、あるいは個別の大学を越えたそのさまざまな連合体のレベルで、さらには大学以外の組織に属する科学者を含めた専門的あるいは複合的な学界（学協会）レベルで、ひいてはあらゆる専門分野を含む全体としての科学者コミュニティとしての自己統治能力の充実」（学術と社会常置委員会報告 2005）が求められるということである。

　第3に重要なのは、科学研究の両義性（デュアル・ユース）[8]を研究

者だけでなく、政治・行政や市民の共通理解とし、それをコントロールする社会的なコンセンサスを確立していくことである。それは、研究活動をリスクとして捉えることであり、研究活動の現場である大学など研究機関の責任は重い。

### 3-1. 科学研究の両義性

科学研究の両義性は、最近になって認識されたものではない。2回にわたる世界大戦は、戦争に科学を動員し、科学技術が人類社会に災厄をもたらすことも認識された。とりわけ核兵器の出現と使用は、科学者に科学観の転換をもたらした。日本学術会議は、第1回総会で、「人類の平和のためあまねく世界の学界と提携して学術の進歩に寄与するよう万全の努力を傾注」（1949年1月22日）することを声明し、「基礎科学振興に関する5原則」（1957年1月12日、第22回総会）、「軍事目的のための科学研究を行わない声明」（1967年10月20日、第49回総会）などを決議してきた[9]。世界科学会議（World Conference on Science）の「科学と科学的知識の利用に関する世界宣言」（1999年7月、通称ブタペスト宣言）において、科学が社会に果たす役割の大きさと負の側面を持つことを明確にし、平和と開発、社会のための科学を目指すことをうたった。

第18期・日本学術会議、学術と社会常置委員会（2000年9月29日）は、21世紀の「知の爆発」とそれに伴う倫理的・社会的問題に備えるための検討を課題とし、2006年10月3日には、日本学術会議として「声明　科学者の行動規範」を公表した。同声明は、研究不正の続発が科学者コミュニティの信頼を損なうものとして、学者が行うべき研究活動の在り方を定義している。

さらに3・11東日本大震災の経験を経て改訂された「声明　科学者の行動規範―改訂版―」（2013年1月25日）は、科学の両義性を盛り込んだ。科学研究の倫理は、単に不正をしないことに止まらず、研究者と大学は、科学の両義性を認識し、責任ある研究活動を個人としても組織

としても進めていくことが求められているのである。

## 3-2. リスクマネジメントの対象としての研究活動

科学研究の現場である機関レベルで責任ある研究活動を進めるためには、リスクマネジメントの視点から捉えることが有益である。大学運営において、「リスク」という概念は十分に浸透し、理解が共有されているとは言えない。『国立大学法人経営ハンドブック　第1集』(2004年3月)は、「第6章　モニタリングと経営改善へのフィードバック」の1節でリスクマネジメントについて扱い、米国保険業協会の定義を引用し、「組織にとっての偶発的かつ事業上の損失に伴う不利益の影響を最小限に留めるための意思決定および実行のプロセス」と述べている (6-18)。同書では、リスクの種類として、運営リスク、法規制上のリスク、財務的リスク、政治または名声に係るリスクの5つを示し、マネジメントの手順として、認識、分析、選択、実施、モニター(事後評価)を挙げていた。第2集(2006年1月)では、「第6章　リスク管理」と拡大し、リスクを「純粋危険」(損害のみを発生させるリスク)と「投機的危険」(損害又は利益〔成果〕を発生させるリスク)とに分類し、リスクの概念の精緻化などが図られた。また、リスク管理体制などマネジメント手法も具体化されている。KDS国大協サービスは、大学のリスクに研究と教育を対象として組み入れている(図表4)。

リスクマネジメントの視点から大学における研究を捉えると、研究活動が常に投機的危険を内在していることへの対処がマネジメントに組み入れられる[10]。研究課題によっては、放射能などの危険物質や病原菌を取り扱う。競争的環境のもとでは、研究者間は同じテーマで競争して研究を行い、再現性が不確かでも先行して発表する誘惑にかられる。特許取得が関連し、企業などからの資金による共同研究の場合には、プレッシャーはさらに大きくなる。科学技術・学術審議会研究活動の不正行為に関する特別委員会報告書(2006)は、不正をもたらす要因として、研究環境の問題(競争的研究資金の巨大化・重点化と成果主義、任期付教

第1章　研究倫理推進の制度化の課題

**図表4　大学におけるリスク分類**

| 大分類 | 小分類 |
|---|---|
| 災害に関するリスク | 1）地震　2）台風、豪雨、落雷 |
| 施設に関するリスク | 3）火災、爆発　4）施設の管理　5）有害物質等　6）不審者 |
| 業務に関するリスク | 7）教育・研究業務　8）入試業務　9）診療業務　10）危険有害業務 |
| 情報に関するリスク | 11）個人情報　12）コンピュータ・ネットワーク |
| 不祥事・犯罪に関するリスク | 13）セクシャルハラスメント　14）その他のハラスメント<br>15）著作権等知的財産権侵害　16）捏造、改ざん、盗用<br>17）横領　18）研究費の不正使用　19）学生の不祥事、犯罪 |
| 健康に関するリスク | 20）一般疾病　21）メンタルヘルス　22）感染症 |
| その他のリスク | 23）マスコミ対応 |

員の増大、ポスト獲得競争、知財戦略、特許取得、利益相反）、研究組織・研究者の問題（真理探究への使命感の希薄化、研究作法や研究者倫理を身につける教育の遅れ、指導者の成果主義、研究組織の自浄作用の弱さ、組織防衛）を指摘している。これらの点は、8年後の総合科学技術・イノベーション会議（2014）でも変わりがない。

### 3-3.　リスクの軽減－動機、機会、正当化の抑制

　研究活動のリスクマネジメントや研究不正発生の要因に関する研究は、日本においてはまだ十分ではない。犯罪学の分野で、Cressey（1972）が横領など不正の発生要因を、① 動機（不正を誘発するインセンティブと圧力）、② 機会（組織構造の複雑性、リスク管理部門の離職率の高さ、統制活動の不十分さ、技術システムの効果不十分）、③ 不正の正当化（当事者の倫理観やコンプライアンス意識の欠如、基礎集団内の文化規範）と構造化した。

　これらの要因は、階層化され、研究室や研究組織単位で自律性の高い大学等研究機関にも妥当し、参考になる。任期付き教員の増大[11]と競争的資金の拡大は、教員個人と研究グループ・組織間の業績競争を加速し、動機要因を強化している。研究活動は、研究者が自律的活動に行うもので管理統制になじまないから、統制活動が不十分で、不正の機会が発生

## 図表5　Cresseyによる不正発生の要因

◆動機要因の低減：過剰な成果主義の抑制
◆機会要因の低減：開かれた研究室，・人間関係
◆正当化要因の低減：倫理教育，日常的な指導

動機（不正を誘発するインセンティブと圧力）の評価・認識

機会（組織構造の複雑性，リスク管理部門の離職率の高さ，統制活動の不十分さ，技術システムの効果不十分）

不正の正当化（当事者の倫理観やコンプライアンス意識の欠如，基礎集団内の文化規範）

しやすい。

東京大学分子細胞生物研究所論文不正事件に関し、東京大学科学研究行動規範委員会（2014）は、「画像の『仮置き』をはじめとする特異な作業慣行、実施困難なスケジュールの設定、学生等への強圧的な指示・指導が長期にわたって常態化……このような特異な研究慣行が、不正行為の発生要因を形成」[12]と指摘し、他方では、Kの指導を受けてこなかったメンバーは不正行為に加担しなかったことを指摘している。Kは、メンバー間に疑念が生まれると情報交換を禁止するなど、開かれた組織運営を行わなかった（国立大学協会コンプライアンスに関する調査研究メンバーによる東京大学訪問調査）。これらは、Cressey（1972）の図式が当てはまるものである。

すなわち、研究不正の防止には、① 動機の減少（過度な競争・業績主義の抑制）、② 機会の減少（開かれた研究組織運営と情報の共有）、③ 不正の正当化の禁止（責任ある研究の共有、倫理観やコンプライアンス意識の醸成）が不可欠なのである。

### 3-4. 研究倫理審査委員会

研究倫理を守るうえで重要な役割を果たすのは、機関内研究倫理審査

委員会である。第 18 回世界医師会総会（ヘルシンキ）で採択された「ヘルシンキ宣言」（1964 年 6 月）は、インフォームド・コンセントをはじめとする臨床研究の倫理規範を制定し、今日の臨床研究の原型となった。同宣言は、1975 年の改訂で、人を対象とする研究は、資金提供、スポンサー、所属機関、研究方法等を明記した研究計画を作成し、研究倫理審査委員会（Institutional Review Board）の審査を受けることを定めた。

　日本においても、1982 年に徳島大学医学部で不妊治療のために審査委員会を設置したことに始まり、1992 年にはすべての医学部・医科大学に設置された[13]。また、「ヒトゲノム・遺伝子解析研究に関する倫理指針」（2001 年文部科学省・厚生労働省・経済産業省告示）などヒトを対象とする指針類でも設置を義務付けてきた。倫理審査委員会は、臨床研究において研究倫理を保持する重要な役割を果たしているが、審査に要する時間が長いこと、複数の指針の適用になる場合の判断の困難さ、倫理審査を理解する研究者の不足など課題も多い[14]。

　研究倫理審査委員会は、個人情報の保護や人権尊重などの視点から、医学系研究以外にも臨床心理などヒトを対象とする研究には設置されるべきであり、設置も進んでいるが、日本基礎心理学会が 2010 年に行った会員に対する調査では、倫理審査を行っている機関は約 60% であった[15]。国立大学における研究倫理審査委員会の設置状況に関する統計データはないが、設置と質の向上は大きな課題である。

## 【注】

1) 本稿は、国立大学協会政策研究所『大学のコンプライアンスの在り方に関する調査研究報告書』（平成 28 年 5 月）第 3 章を加筆修正したものである。
2) 研究倫理をふまえた研究のあり方は、英語圏で Research Integrity と呼ばれ、日本では「研究公正」と訳されている。しかし、Integrity を「公正」と訳すことは語義からも不適切であり、Integrity の一部である Fairness と混乱するので別な訳語が望ましい（東北大学高度教養教育・学生支援機構 2015：30-31）。
3) 第 2 回会議（シンガポール、2010）の報告は、Tony & Steneck（2012）、第 3 回

第 I 部　研究倫理の動向と発表倫理

　　　会議（モントリオール、2013）の報告は、Steneck, Andrson, Kleinert, & Mayer & Nicholas（2015）として出版されている。
4）　COPE は、1997 年にイギリスで創設された医学雑誌の編集者によるグループとして出発し、2016 年現在、80 カ国から 10,000 人が加盟し、多くの分野をカバーしたコード（準則）や声明を公表している（http://publicationethics.org/about. 2016.12.7 アクセス）。
5）　研究不正自体は、知の真実性に対する犯罪として厳格に判断しなければならないが、犯罪報道においても実名報道の是非が問われており、ましてや、処分後に個人を特定する形の記載が望ましいかどうか、議論のあるところである。本論ではこのような点から固有名詞はすべてイニシャルとした。
6）　なお、Mo の処分は 2012 年 10 月 19 日、調査結果の報告公表は 2013 年 9 月 20 日であり、調査結果を受けた処分というプロセスを取らず、先に処分がなされた。処分理由も、就業規則第 38 条第 5 号に定める「大学法人の名誉又は信用を著しく傷つけた場合」であり、研究不正行為ではない。これは、実際に行っていない手術を実施したという虚偽発表に対する処分であり、データの捏造等に該当しないという判断であろう。もし、研究不正として扱えば、調査委員会の発足と調査が行われ、結論まで時間を要しただろう。こうした手順は、2012 年 10 月 11 日に画期的な手術として報道した読売新聞が 13 日には誤報を認め、京都大学山中伸弥教授の iPS 細胞研究に水を差すものと世間の批判を浴びている中でのスピーディな結果が求められていたこともかかわっていたと思われる。しかし、研究発表におけるデータの捏造が不正行為になり、研究そのものが捏造である場合は信用失墜行為であるという区分は一貫しないものがある。また、Mi 及び S の処分事由も信用失墜行為であり、不適切なオーサーシップが問題とされながら、研究不正ではなく、信用失墜行為が処分事由であるのも、研究不正の構造を一体的に理解する視点からは疑問である。
7）　http://www.mext.go.jp/a_menu/jinzai/fusei/1352820.htm（2017.1.8 アクセス）
8）　科学研究の両義性とは、日本学術会議「科学者の行動規範―改訂版―」（2013 年 1 月 25 日）では、軍事研究を意図しない研究成果が軍事利用に転用されるなど悪用されることを指していた。しかし、防衛庁日本学術会議安全保障と学術に関する検討委員会の議論では、「スピン・オン（民から軍へ）とスピン・オフ（軍から民へ）」（山極寿一メモ）や「軍事的機密研究が一定の役割を終えた後、研究投資回収等の目的で、機密解除され、民間用途に開放」（大西隆「デュアルユース問題」）といった見方も登場している（2016 年 8 月 24 日、第 3 回）。これは両義性概念が登場してきた意味を見失っている。
9）　もっとも、科学者の間において科学者の社会的責任論には差異が相当ある。この時期の科学の社会的責任をもっとも強くリードしたのは、朝永振一郎、湯川秀樹らの物理学者たちだが、朝永は 1970 年代には、科学の原罪性にまで至る（朝永 1976：118）。
10）　「国大協リスクマネジメント調査報告書」『国立大学リスクマネジメント情報』

2013 年 9 月号（KDS 国大協サービス）。
11) RU11（北海道大学、東北大学、筑波大学、東京大学、早稲田大学、慶應義塾大学、東京工業大学、名古屋大学、京都大学、大阪大学、九州大学の 11 大学で組織された学術研究懇談会、Research University 11）教員 29,391 人を対象にした調査（文部科学省政策科学研究所『調査資料 241　大学教員の雇用状況に関する調査—学術研究懇談会（RU11）の大学群における教員の任期と雇用財源について—』2015 年 9 月）では、39.1% が任期付き教員で、30 代の若手教員層では 60% を超える。
12) http://www.u-tokyo.ac.jp/public/public01270327_j.html.（2016.3.5 アクセス）
13) 星野一正編『生の尊厳—日米欧の生命倫理』（思文閣、1999 年）、pp. 20-22。足立智孝「臨床倫理委員会に関する一考察—医療現場におけるバイオエシックス展開の観点から—」『麗澤大学紀要』第 92 巻、1-28（2011 年 7 月）から重引。
14) 三菱総合研究所『研究機関における機関内倫理審査委員会の抱える課題の抽出とその対応に向けた調査研究報告書』（科学技術総合研究委託（内閣府））、2010 年 3 月。
15) 田代志門「人文・社会科学分野における人を対象とする研究の規制と倫理」（第 2 回「疫学研究に関する倫理指針及び臨床研究に関する倫理指針の見直しに係る合同会議」資料、2013 年 3 月 14 日）から重引。

## 【参考文献】

Cressey, Donald（1972）. *Other People's Money : A Study in the Social Psychology of Embezzlement*, Wadsworth Publishing Company.

Gallant, Tricia Bertram（2008）. *Academic Integrity in the 21 Century : A Teaching and Learning Imperative : ASHE Higher Education Report*, Volume 33, Number 5, Jossey-Bass.

科学技術・学術審議会研究活動の不正行為に関する特別委員会（2006）.「研究活動の不正行為への対応のガイドラインについて」.

北仲千里・横山美栄子（2016）.「科学論文における『不適切なオーサーシップ』調査に関する比較研究」『東北大学高度教養教育・学生支援機構紀要』第 2 号、75-86.

公益社団法人日本麻酔科学会 F 氏論文調査特別委員会（2012）.「F 氏論文に関する調査報告書」（http://www.anesth.or.jp/news2012/pdf/20120629_2.pdf, 2016.12.10 アクセス）.

文部科学省科学技術・学術政策局人材政策課研究公正推進室（2016）.「研究活動における不正行為への対応等に関するガイドラインに基づく平成 27 年度履行状況調査の結果について」（http://www.mext.go.jp/a_menu/jinzai/fusei/1368869.htm,

2016.11.18 アクセス).
日本学術会議学術の社会的役割特別委員会（2000).「学術の社会的役割」.
日本学術会議学術と社会常置委員会報告（2005).「現代社会における学問の自由」.
総合科学技術・イノベーション会議（2014).「研究不正行為への実効性ある対応に向けて」.
Steneck, Nicholas, Melissa Anderson, Sabine Kleinert & Tony（edt.）（2015). *Integrity in the Global Research Arena*, World Scientific Publishing Co.
東北大学高度教養教育・学生支援機構（2015).『研究倫理の確立を目指して－国際動向と日本の課題』東北大学出版会.
朝永振一郎（1976).「物質科学にひそむ原罪」『朝永振一郎著作集 4 科学と人間』（みすず書房，1982 年).
東京大学（2013).「Mo 氏による研究活動の不正行為に関する調査報告」（http://www.u-tokyo.ac.jp/public/public01_250920_j.html, 2016.12.10 アクセス).
東京大学科学研究行動規範委員会（2014).「分子細胞生物学研究所旧 K 研究室における論文不正に関する調査報告（最終)」（http://www.u-tokyo.ac.jp/public/public01_261226_j.html, 2016.12.10 アクセス).
東京医科歯科大学 Mo 氏と本学の教員との共著論文に関する調査委員会（2012).「Mo 氏と本学の教員との共著論文に関する調査委員会報告書」（http://www.tmd.ac.jp/archive-tmdu/kouhou/houkokusyo.pdf, 2016.12.10 アクセス).
Tony, Many & Nicholas Steneck（edt.）（2012). *Promoting Research Integrity in a Global Environment*, World Scientific Pub Co Inc.
上田和勇（2014).『企業倫理リスクのマネジメント－ソフト・コントロールによる倫理力と持続力の向上－』同文館出版.
Yukawa, et al.（2014). Authorship Practices in Multi-Authored Papers in the Natural Sciences at Japanese Universities. *International Journal of Japanese Sociology*, 23, 80-91.

# 第 2 章　発表倫理を考える

山崎　茂明（愛知淑徳大学）

## 1. はじめに

　この 5 年ほど、研究不正や倫理をテーマに話をする機会が多くあり、肩の力を抜いて向き合うことの大切さに気づいた。そのような気持ちになったのは、2005 年に訳出した『ORI 研究倫理入門』（Steneck, 2004）の冒頭部分を読み直してみた時である。「一般的な言葉で表現すれば、責任ある研究行動は、単に良き市民の生き方を専門家の生き方に適用することである。研究を、誠実に、正確に、効率よく、客観的に報告する研究者は、責任ある研究へ向かう時に、正しい道に乗り入れている」という一節である。そして、研究者をともに結びつける 4 点の価値観として「誠実、正確、効率、客観性」をあげていた。

　2002 年、『科学者の不正行為』（山崎、2002）を出版し、日本の科学界において研究不正への関心が欠けているという問題を指摘した。科学コミュニケーションの世界を、正常な機能と構造からアプローチする生理学的接近からではなく、ミスコンダクトに焦点をあてた病理学的な視点に立ち検討したいと考えた。つまり、健全な身体とバランスのとれた精神を持つことは望ましいが、リアリティがあるのは病んだ姿である。そして、病気は個人の側に原因を求めるだけでなく、病者を取り巻く環境への介入なくして、健全性を回復できない。予防と教育を重視した、公衆衛生学的な接近が有効になる。結論として、研究者個人の倫理観を問いかけるだけでなく、成果主義の導入、外部資金の獲得、産学連携の強化、任期制の導入、といった現在の科学政策への反省を踏まえて、今後の進め方が広く問われることになる。『科学者の不正行為』の第 11 章「日本の対応と今後」で、学術研究機関での教育啓蒙活動の推進にとど

まらず、研究公正局の設置、学協会でのガイドラインの整備、論文不正への編集者の対応、データベース製作機関の対処方針など、具体的な解決のためのシナリオを提示している。

　講演などでさまざまな分野の研究者と対面することになるが、その際「不正行為」という言葉は使用せずに「ミスコンダクト」という言葉を使っている。その理由は、講演する側と、聞く側に、無用な緊張をもたらすからである。また、演題を、ポジティブな表現で示すようにしている。例えば、「不正行為の現状と予防」という題目ではなく、話す内容は同じであるが、「公正な研究活動を目指して」といった演題である。真摯な研究者ほど、自分が責められているように受けとめがちである。著名な研究大学の研究不正委員会に招かれた際、「研究不正を考えるのは、研究環境を改善するため」であると述べると、重苦しかった空気が軽くなったという発言が委員からもたらされた。私たちを取り巻く研究環境の見直しが求められているのであり、研究者個人に過度な圧力を加えることは生産的ではない。研究組織と活動をめぐる環境の改善こそ求められ、そのための検討が要請されている。

## 2. 知識の健全性を支える学術論文

　消化器病学の主要誌である Gut の編集委員長であった Michael Farthing 教授は、「一般の人々を科学のミスコンダクトからまもることは、公衆衛生のひとつの側面である。……水質や食品の安全性をチェックする機関と同様に、知識や情報の質、そしてその安全性をチェックするシステムが、つねに機能するよう組織されていなければならない」と述べていた（Farthing, 1998）。一般の生活者から見て、研究世界は遠くのもののようにみなされているかもしれないが、生活の質や安全な暮らしが、研究成果や論文の質と深く関与している点に注意を喚起している。

　学術論文は、知識を基盤とする現代社会の健全性を支えており（図1）、それを生み出す研究活動と研究者には、信頼性が求められる。日本の論文生産活動を見てみると、論文数と品質から懸念が生じている。1980

**図 1　知識基盤は研究活動の成果物である学術論文により形成されている**

年代以降、日本の論文生産数は、世界 2 位の地位を維持してきたが、2006 年に PubMed に収載されている国別英文論文数で、成長の著しい中国にその地位をゆずった。そして、2009 年には GDP（国内総生産）においても、中国は日本をおさえ 2 位となった。さらに、生産論文数の低下だけでなく、論文不正事件の発生とそれにともなう混乱は、日本の研究活動の健全性への疑念につながった。例えば、元東邦大学医学部准教授によるねつ造論文が、日本麻酔科学会で編集されている『医薬品ガイドライン 1-10、補遺』に、エビデンスとして引用されていた。このような事態は、医療サービスの質に影響し、医療者への信頼性に疑問を生じさせかねない。

## 3. 蓄積された知識へのリスペクト

　Google Scholar は、文献データベース、被引用数カウント、もとの資料へのポータルサイトといった多彩な利用ができ、研究者から大きな支持を得ている。この Google Scholar のトップページに、「巨人の肩のうえに乗る（Standing on the shoulders of giants）と書いてある。これは、私たちの現在の研究が過去の人びとの研究の蓄積に支えられ、ちょうど巨人の肩に乗って行われている様子を示している。同時に、過去の文献

や記録のなかに自分と同じ領域の専門家を見つけた時、その人への親しみやリスペクトの気持ちが自然と生まれてくるだろう。

　参考文献の記載方式に、著者・年号順（Harvard style）があり、これは先取権へのオリジナリティを重視し、参照した文献と研究者への敬意を示す文献スタイルでもある。本文中に複数行にわたって著者名と出版年が記載され、読みにくいと批判されることもあるが、総説論文や、学位論文、そして人文社会科学領域では、引用番号順ではなくこのスタイルが依然として主流になっている。

　2014年に起きたSTAP細胞捏造論文の筆頭著者の博士学位論文には、さまざまな問題点が指摘されたが、文献記載の面でも不適切な点がみられた。例えば、論文の各章末にある文献リストの記載スタイルがまったく統一されていないことである。独創性とともに、学位論文では形式が重要視されるだけに、考えにくい記載である。また、ある章の文献リストは、他人の論文の文献表をそのままコピー＆ペーストしていた。つまり、自分の論文と一切関係ない他の論文の文献だけをコピペしていた。過去の業績へのリスペクトはなく、その投げやりで粗雑な姿勢には、研究者としての基本姿勢を欠いた人物像が浮かびあがる。同時に、このような基本が無視された研究を、学位論文として受理した大学と指導教員の責任も明らかといえる。学位を授与した大学と、その指導を行った教員の責任も問われるべきである。

## 4.　発表倫理の初期テーマ

　発表倫理の初期のテーマは、重複発表に関する議論であろう（Huth, 1986）。1978年にカナダのバンクーバーに集まった欧米の編集者が、1979年に文献表スタイルの統一を中心にUniform Requirements for Manuscripts Submitted to Biomedical Journals（URM）を発表した。現在、ICMJE（International Committee of Medical Journal Editors）勧告と呼ばれている。第1版を発表した翌年1980年10月、重複発表をテーマにした会合がイングランドのリーズ城で開催され、討議が行われた（Huth,

1981)。参考文献リストの表記統一を目標に掲げてはいたが、すぐに主要な関心を発表倫理に向けていったのである。1980年代だけでも、重複発表、多重出版、研究知見の撤回、編集の自由と公正さ、親展扱い（手紙欄の役割）、オーサーシップなどに取り組み、URMの改訂時と、独立した勧告やガイドラインなどで、公表してきた（Huth & Case, 2004）。

初期の勧告として「多重出版（multiple publication）」がある（ICMJE, 1984）。リーズ城の会議で、重複発表をめぐり、デンマークのRiis博士から提案がなされた（Riis, 1993）。北欧の著者は一つの論文を、北欧諸国の母国語版と国際語である英語版との二重出版（dual publication）を、伝統的に受け入れてきた。研究論文の独創性と一回性に価値を置くなかで、北欧の文化になっている重複発表の伝統を、どこまで受けとめられるか検討することにした。

検討結果を踏まえ、1984年に「多重出版」として発表した。多重出版は、「並行出版（parallel publication）」と「反復出版（repetitive publication）」から形成される。並行出版は"異なる言語による二重出版"として定義し、許される出版とした。一方、反復出版は許されない多重出版とした。ただし、並行出版が許容されるには、以下の6点の条件を満たす必要がある。

1) 関係する両誌の編集者が、了解している
2) 一番目の発表の先取権が、少なくとも2週間の間隔をもって尊重される
3) 二番目の発表論文は、異なる読者へむけて書かれている
4) 二番目の発表論文は、一番目の論文のデータや解釈を忠実に反映させる
5) 二番目の発表論文の脚注で、並行出版であることを明記し、一番目の論文についての書誌事項が記載されるべきである
6) 業績リストには、異なる独立の論文として誤解されないよう、並行出版論文であることが識別されるべきである

歴史的に見ると、戦前までは、重複出版は許される行為であった。学術誌の流通力は弱く、広く知らしめるためには必要であり、他誌からの転載もなされていた。著者の立場から考えると、重複出版は業績数や伝えるチャンスを増やすことになり、害は無いと主張する研究者も存在するかもしれない。

　重複（多重）出版は、なぜ許されないのか、現在の見方を示してみよう（Lowry, 1992）。（1）編集・審査・出版・印刷・流通・二次DB制作などの経費とエネルギーを無駄にさせる、（2）情報検索プロセスを混乱させ、利用者に無用な時間を使わせる、（3）臨床試験の重複発表は、メタアナリシスの結果に影響をもたらす不正行為である。

　グローバルに研究情報が伝達されるようになり、重複発表は不必要な行いであり著者が喜ぶだけである。重複発表は、伝えることに重きを置くものと、業績を増やそうとするものがある。伝達を旨とする事例には許される余地があるかもしれないが、業績数を稼ごうとするものは、不適切な行為とみなされるだろう。

　業績主義と結びつけられ、警鐘をならされるものに、サラミ論文がある。サラミソーセージは、賞味できる最も薄い厚さにスライスする。サラミ論文は、一つの論文で済む研究成果を、薄く切り分けて論文数を稼ぐもので、最小出版単位論文（LPU：Least Publishable Unit）と同一である（Courtiss, 1992）。また、サラミ（salami）の逆字である Imalas 論文もあり、本質的に同じである成果を連続的に出版するものである（Kim, 2012）。一部分だけ新しいデータを加え、サンプル数や症例数を増やし、新たな論稿として出版する肉の増量剤（meat extender）と同じである。

## 5. 研究倫理、生命倫理、そして発表倫理

　研究倫理は、医学・生命科学領域では、研究の対象となる動物やヒトの扱い方に着目した「生命倫理学（bioethics）」として受容された。第二次世界大戦下にナチスにより行われた生体実験は、1947年のニュルンベルグ綱領と1964年のヘルシンキ宣言としてコード化され、1967年

のクリスチャン・バーナード博士による世界初の心臓移植手術は、脳死をもってヒトの死とする死生観へと踏み込んで行った。1992 年に明らかにされたタスキーギ事件は、ヒトを対象とし人体実験のあり方へ警告をもたらした。このようななかで、研究の主体側である研究者自身の行動に焦点をあてた「研究者倫理」や研究行動の公正さへの関心が高まった。契機は、1980 年代以降に頻発した不正行為事件である。

これらの事例を一つ一つ見ていくと、オーサーシップの乱れがほとんどのケースで共通して存在した。中心はギフト・オーサーシップである。ミスコンダクトに気づくのは、研究テーマを同じくする仲間であることが多い。共同研究者や共著者の立場で、同僚研究者の仕事を点検すれば、ミスコンダクトを回避できたのではないだろうか。オーサーシップが厳格に運用されれば、ミスコンダクトへの有効な防止策になるだろう。科学研究活動は、最終的な成果として学術論文を生み出し、発表なくして科学研究は完結しないといえる。研究発表の倫理に焦点をあてることで、研究プロセス全体の公正さがチェックできる。さらに、人文科学や社会科学領域へも適用できる視点として発表倫理は位置づけられる。ミスコンダクトへの本格的な対処として、オーサーシップの厳正な適用に注目すべきである。こうして、オーサーシップを中心テーマとする「発表倫理（publication ethics）」に行き着くのである（Jones & McLellan, 2000；山崎、2007；山崎、2013；山崎、2015）。

## 6. 解法としてのオーサーシップ

オーサーシップをめぐる近年の特徴は、共著者数の増加と国際共著論文の増大をあげることができる。共著者数の増加には、共同研究スタイルの普及やメガスタディの出現が影響している。日本循環器学会の英文誌である Circulation Journal の 2004 年に、2,458 名の多数著者論文が掲載され、世界最多の地位を占めた。抗コレステロール薬の心疾患への治療効果を、多施設臨床試験により検証したものである。論文は 8 頁でその半分近くを Appendix 2 として、すべての著者名が掲載されている。

最初に主要な研究者がリストされ、その後に北海道地区、東北地区といった地域ごとに分かれ、そのなかが著者名の ABC 順にならべられている。この 2,458 名の最多の著者数論文は、2015 年の Physical Review Letters（114, 191803）に掲載された ATLAS・CMS の国際共同実験による 5,154 名の著者数論文に追い抜かれた。この論文の文字数をカウントすると、本文（図表込み）単語数は 4,851 語、文字数は 25,284 文字であり、これはわずか 1 単語 5 文字で著者になっているといえる。また、Web of Science（トムソン・ロイター）によれば、1981 年から 2012 年までの 31 年間の一論文あたりの平均著者数が、1981 年の 2.48 名から 2012 年には 5 名を超えるまでに増大した。単独著者により執筆された論文が占める比率も、1981 年には 30% を超えていたが、2012 年には 11% にまで減っていた（King, 2012）。さらに長期間にわたり生命科学・医学領域での、平均著者数と最多著者数データが PubMed 統計から得られた（表 1）。1975 年から 1979 年の 5 年間で見ると、平均著者数は 2.48 名で最多著者数は 49 名であったが、最新データである 2015 年には、平均著者数が 5.48 名で最多著者数は 5,154 名まで増大していた。

第二の特徴は、国際共著論文の増加である。グローバリゼーションの進行は研究世界でも顕著であり、国を超えた協力をもとに研究が行われている。全米科学財団の編纂による Science and Engineering Indicators を用いて、主要国（地域）の共著論文占有率を見てみると、EU 諸国を中

表 1　PubMed から見た平均著者数と最多著者数

| 発行年 | 平均著者数 | 最多著者数 |
| --- | --- | --- |
| 1975–1979 | 2.48 | 49 |
| 1980–1984 | 2.82 | 100 |
| 1985–1989 | 3.12 | 77 |
| 1990–1994 | 3.39 | 97 |
| 1995–1999 | 3.76 | 631 |
| 2000–2004 | 4.12 | 743 |
| 2005–2009 | 4.61 | 656 |
| 2010–2014 | 5.18 | 3,172 |
| 2015* | 5.48 | 5,154 |

出典：https://www.nlm.nih.gov/bsd/authors1.html

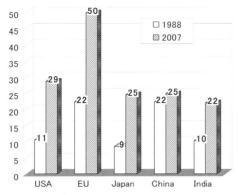

**図2　国際共著論文占有率（％）の増大、主要国・地域別の1988年と2007年比較**
(Source : National Science Foundation. Science and Indicators 2010, Figure O-17 をもとに作成)

心に急激な上昇が見られた（図2）。1988年に22％であった占有率は、2007年に50％にまで上昇した。なお、日本の国際共著論文は、1988年に9％と低調であったが、2007年には25％に上昇した。

　宗教、文化、倫理観などの違いや、オーサーシップをめぐる見解の不一致など、共同研究過程でさまざまな衝突が起きる要因が増えているだけに、責任ある研究行動を支える国際的な規範が、研究倫理として共有されなければならない。

## 7. 不適切なオーサーシップと定義

　論文内容への責任を公言するオーサーシップが、研究者の間で軽んじられている現状がある。直接的に研究に関与していないにもかかわらず、研究組織のトップというだけで著者に入る事例は、今後のポストや組織の和を考えると当然の行いのようになっている。贈物が当たり前といった慣習が、できあがっているのである。「研究プロジェクトに直接的な関与をしていなくても、ボス名を著者として入れてきた。それは研究室の決まりであり、批判など考えられなかった」と述べた若手研究者は、以下のように続けた。「研究室のなかにいると当たり前のように受け継がれ

ている慣例が、ひろく見渡せばおかしなものであることに気付いた」。不適切なオーサーシップを示す言葉としては、以下のようなものがある。

- Gift Authorship（ギフト・オーサーシップ）：実際の寄与がない人に、贈物のごとく著者名リストに入れる
- Honorary Authorship（名誉のオーサーシップ）：寄与がないにもかかわらず、高位で名声の高い者を著者として扱う
- Ghost Authorship（ゴースト・オーサーシップ）：実際の書き手の名前が隠される事例であり、狭い意味で製薬企業に支援された臨床試験などで、企業に雇用された統計専門家が、実際の寄与がありながら著者に入らず名前を伏せる場合がある
- Guest Authorship（ゲスト・オーサーシップ）：見かけの信頼性を演出するために、実際には寄与がない著名研究者を著者として招き入れる
- Cronyism Authorship（仲間びいきのオーサーシップ）：実際の寄与がない人を、仲間というだけの理由で著者に入れる

　ギフト・オーサーシップを含め、研究社会に浸透している不適切な事例をあげてみたい。ある大学でデータ改ざんにともなう論文撤回事案を調査することになった。論文不正調査委員会では、共著者にあげられた研究者を個別に呼び、論文への寄与内容を確かめた。主任教授は、「教室のトップとして、慣例で著者になったに過ぎず、論文を投稿したことも、掲載されたことも知らなかった」と述べた。二人の教授は「原稿を読むことなく儀礼的に著者になっており、知らないうちに名前が入っていた」と答えた。最後に呼ばれた若手医師の答えは、「著者に加えられたのは、病棟で教えを受けた先輩医師からの親切心と考えていた」というものである。いずれも、オーサーシップの要件とは関係のないところで、著者名のやり取りがなされていたのである。
　2012年に起きた藤井善隆准教授による170本を超える捏造論文につ

いて、日本麻酔科学会は調査特別委員会を組織し結果を公表した。そのなかで、藤井准教授と同年齢で38編の共著関係にあった他大学研究者のインタビュー記録が記載されていた。「藤井氏とは全く別に研究を行っており、研究自体に協力したことはない。それにも関わらず、共著者となっているのは、お互いに業績を増やすために論文に名前をいれあうとする約束を結んでいたからである」と答えていた。このような協力を、ポスドク時代から行っており、研究者の基本的な価値である誠実さからは、遠く離れた研究姿勢である。不適切なオーサーシップは、実に多様であり、国際ルールが知られずにローカル・ルールが優先される例が、『ORI研究倫理入門』に書かれていた。「私のラボでは、優良論文は研究室のトップが筆頭著者になるのが決まり」というルールである。

　生命科学・医学領域では、ICMJE勧告のような国際的な定義を知らなければ、ローカル・ルールに従うことになる。勧告では、著者の資格は、以下にあげた4項を、同時に満たすことが要請されていた（ICMJE, 2015）。

1) 研究の着想かデザイン、あるいはデータの取得、あるいはデータの分析と解釈
2) 原稿の執筆、あるいは内容への重要な知的改訂
3) 発表原稿への最終的な同意
4) 研究のすべてに対して、その正確さや公正さに関する疑問が適切に解き明かされるように、すべての内容を説明できることに同意する

　第1項の原文は、すべてandではなくorで結ばれている。著者になる条件として、着想・デザイン、データの取得、データの分析と解釈の、3つのいずれかに関与していればよい。「データの取得」は実験作業を指し、1985年につくられたGuidelines on authorshipにはなかった項目で、1997年の改訂の際に加えられた。知的な寄与を重視し、実験など実際

のワークを評価しない傾向があり、若手研究者から批判が出され訂正された。また 2015 年にはオーサーシップの定義に変化があり、第 4 項が加わった。つまり、著者リストに入るならば、一部を担当しただけで、全体像については説明できないということがあってはならず、そして各自が責任を持ち公正な研究に参加するよう求められた。

オーサーシップの一般的な定義は、「発表された研究内容に責任を持ち、研究において十分な貢献をした人」になろうが、具体的には上述の ICMJE の定義が理解しやすい。オーサーシップの定義が明確になると、「データの収集作業」「関与しない研究組織のトップ」「資料の提供」「助言や励まし」「機材の提供」といったものは謝辞になる。著者と謝辞をどう区別するべきか、研究者は問われている。

## 8. 最近の事例から：STAP 細胞論文と臨床試験論文を例にして

2014 年の STAP 細胞ねつ造事件では、オーサーシップはどのように分担され、責任を共有していたのだろうか。本来、著者らは席を同じくして、各自の役割分担を社会に説明する責任があったが、最終的に実行されなかった。

論文発表は、Nature 誌の Article 記事と Letter 記事の 2 本に掲載された。同誌は著者の寄与内容を「Author Contributions」という見出しで、明確にしている。論文作成にあたり、故笹井教授（以下 YS で示す）の役割について、本人の説明と Nature 記事で明らかにされた内容に大きな落差があることを確認してみよう。

「朝日新聞」（2014 年 4 月 17 日）によると「笹井氏は自身が加わったのは、最後の論文の書き直しから」と主張して、自らの役割を「論文執筆のアドバイザー」と説明していた。この 2 論文の「Author Contributions」欄の寄与内容を整理し表 2 で示した。

Nature では寄与内容を、① 研究のデザイン、② 実験、③ 論文執筆の 3 つに区別し、さらに連絡責任著者（Corresponding Author）を記載するようになっている。連絡責任著者は、編集者やレフェリーとの連絡

## 第 2 章 発表倫理を考える

表 2 著者寄与欄から見た主要著者の役割

| Nature/Letters | 寄与内容 | Nature/articles |
|---|---|---|
| HO, <u>YS</u>, HN, CAV, TW | 研究デザイン | HO, TW, <u>YS</u>, HN, CAV |
| HO, <u>YS</u>, MK, MA, NT, SY, TW | 実験 | HO, TW, <u>YS</u> |
| HO, <u>YS</u> | 論文執筆 | HO, <u>YS</u> |
| HO, TW, <u>YS</u> | 連絡責任著者 | HO, CAV |

HO：小保方、YS：笹井、TW：若山、CAV：Vacanti

　調整だけでなく、社会からの問いかけに対して、論文内容について責任をもって答える役割がある。表から見ると、YS は、レター論文で、「研究デザイン」、「実験」、「論文執筆」で、いずれも 2 番目に名前があり、連絡責任者の一人にもなっていた。Article では、「研究デザイン」、「実験」、「論文執筆」の 3 つに名前が入っていた。YS はナンバー 2 として、小保方（HO）に次いで寄与していると判断できる。決して「論文のアドバイザー」といった副次的な役割ではない。Corresponding Author の役割は、① 投稿にあたり編集者と直接連絡を取り、② 論文審査時にはレフェリーや編集者からのコメントを受け、共著者を代表して修正や反論などを行う、③ 出版後にはメディアへの対応や読者からの意見に答え、④ 連絡責任著者は、内容への寄与と責任を社会へ広く公言した者であり、ミスコンダクトの責任から逃れられない立場である。そうした意味でYS は、連絡責任著者としての責務を十分には果たしていない。オーサーシップの乱れ、違反、不適切な対応が、寄与欄からも明らかになる。

　最近の論文不正事例として、STAP 細胞論文事件とともに、高血圧治療薬バルタルサンをめぐる大規模臨床試験データのねつ造・改ざん事件があり、そこから主に臨床試験論文を舞台にした二種類の歪んだオーサーシップの実態を紹介する。

　第一は、ゴースト・オーサーシップである。これは著者の資格があるにもかかわらず、著者としてクレジットされない人を指す。よくある例としては、製薬企業に雇用された統計専門家が、ゴーストになる場合で、名前が出ることでデータ処理や結論に企業寄りの判断が加わっていると

思われないように、著者名を出さずに、ゴーストにするのである。ゴースト・オーサーシップと名誉のオーサーシップについて、どれくらい蔓延しているか、1996年と2008年の比較調査（Wislar et al, 2011）が発表された。調査対象になったジャーナルは New England Journal of Medicine をはじめ、一流誌と呼べる媒体である。1996年時点で名誉のオーサーシップが19%、ゴーストが11%あり、このような超一流誌で、不適切なオーサーシップが広がっている実態が明らかにされた。2008年のゴーストは、8%の論文で含んでいた。

　ゲスト・オーサーシップはゴースト・オーサーシップの反対で、著者の資格がないのに論文の著者として扱われる事例を指している。製薬企業に支援された臨床試験では、企業に雇用された統計専門家がゴーストとして参加する一方で、実際には寄与していない著名研究者をゲストに加えて、見かけの信頼性を演出するケースがある。著者としての責任も資格もないにもかかわらず、安易に名前を貸している科学界の体質が批判されている。

## 9. 公正な研究をめざして

　大学では、外部資金に依存し産学連携を強め、成果主義による市場化が進行している。その環境変化のなかで、研究不正も出現するようになった。大学が、他の社会システムと一線を画す独自性は何か、人々を引きつけてきた魅力とは、どのようなものであろうかと考えていたとき、公正さと信頼に価値を置いた次のような言葉が眼に入った。「大切なのは、大学の心臓である公正さと大学に対する社会からの信頼を保持すること」である（AAU, 2001）。この言葉は、全米大学協会（Association of American Universities）の利益相反レポートの序文にあった。

　大学は公正な科学研究を発展させることに強い関心を持つべきである。大学のアイデンティティは、研究活動の公正さ（research integrity）にあり、それを維持し発展させることである。最近は、学内からの研究不正の申し立てなど気にせず、大学ランキングの上昇のために論文発表

数の増大を目指すなど、なりふりかまわぬ姿勢も見られる。大学の在り方と研究環境についての再検討が、研究不正を契機になされる必要がある。研究成果の評価と質保証の活動を、発表倫理の視点から強化していくことが学術機関に要請される。特に、オーサーシップの視点は、研究者自らの責務を問うだけに重要である。「誠実に、正確に、効率よく、客観的に報告する」ことが、公正な研究発表へむけて求められる。

【参考文献】

日本麻酔科学会（2012）.『藤井善隆氏論文に関する調査特別委員会報告書』日本麻酔科学会.
Steneck, N.H.（2004）. ORI Introduction to the responsible conduct of research. D. C.: Government Printing Office.（山崎茂明訳, 2005,『ORI 研究倫理入門』丸善）.
山崎茂明（2002）.『科学者の不正行為』丸善.
山崎茂明（2007）.『パブリッシュ・オア・ペリッシュ：科学者の発表倫理』みすず書房.
山崎茂明（2013）.『科学者の発表倫理』丸善出版.
山崎茂明（2015）.『科学論文のミスコンダクト』丸善出版.
Association of American Universities. Task Force on Research Accountability.（2001）. *Report on Individual and Institutional Financial Conflict of Interest: Report and Recommendations*. Association of American Universities.
Courtiss, E.H.（1992）. Authorship: the listing. *Plast Reconstr Surg*. 89, 538-534.
Dance, A.（2012）. Authorship: Who's on first? *Nature*. 489（7417）, 591-593.
Farthing, M.J.（1998）. Fraud in medicine. Coping with fraud. *Lancet*. 352, Suppl 4: SIV11.
Huth, E.J.（1981）. Manuscript requirements: the advance from Vancouver. *BMJ*. 282, 55-56.
Huth, E.J.（1986）. Irresponsible authorship and wasteful publication. *Ann Intern Med*. 104, 257-259.
Huth, E.J., Case, K.（2004）. The URM: Twenty-five years old. *Science Editor*. 27（1）, 17-21.
International Committee of Medical Journal Editors.（1984）. Multiple publication. *BMJ*. 288, 52.
International Committee of Medical Journal Editors.（2015）. Recommendations for the conduct, reporting, editing, and publication of scholarly work in medical journals. Up-

dated Dec 2015.

Jones, A.H., McLellan, F. (Eds.). (2000). Ethical issues in biomedical publication. JHU Press.

Kim, Y.S. (2012). Suspected IMALAS publication. *J Craniofac Surg*. 23(2), 619.

King, C. (2012). Multiauthor papers : onward and upward. *Science Watch*. July.

Lowry, S., Smith, J. (1992). Duplicate publication. *BMJ*. 304, 999-1000.

Riis, P. (1993). Fraud in medical research : the Danish scene. In S. Lock, F. Wells. (Eds.), *Fraud and misconduct in medical research* (pp. 116-127). London : BMJ Publishing Group.

Wislar, J.S., Flanagin, A., Fontanarosa, P.B., DeAngelis, C.D. (2011). Honorary and ghost authorship in high impact biomedical journals : a cross sectional survey. *BMJ*. 343, d6128.

# 第3章　生命科学系論文の作法
──ディジタル時代に必要なスキルと倫理観──

大隅　典子（東北大学）

## 1.　はじめに

　研究不正の話は、けっして楽しく明るい話題ではない。「これは由々しき事態だ！」といきり立つ方がいる一方、「こんな事例は滅多に無いことだから、まっとうな科学者は気にせず己の研究に邁進すべき」と考える方もおられる。筆者は、新聞沙汰になるくらいの研究不正の背景には、近い人たちには知れ渡っているレベルの不正があり、さらに研究不正の一歩手前のエピソードがあると考えるべきだと思っている。つまり、ハインリッヒが提唱した「労働災害の経験則」（図1）は、研究不正にもあてはまると考えた方が良い。

　本章では生命科学分野における研究不正について、そもそもどのような背景があるのか、そしてどのように対応すべきかについて考察する。研究不正の背景には、それぞれの学術分野に特有の問題と、領域を超えて共通する問題がある。研究不正を防ぐには、社会全体での対応も必須であるが、ここではとくに、論文不正を防ぐために大学教員として心得

**図1：労働災害におけるハインリッヒの法則**
1つの重大な事故の背景には、29の小さな事故があり、300のヒヤリ・ハット体験があるという経験則

ておくべきことを中心に論じる。なお、種々の研究不正の実例については、黒木（2015）が42もの事例を取り上げているので、適宜参照されたい。また、章末に参考となるウェブサイトを掲げておく。

## 2. 生命科学分野における研究不正の背景

羽田（2016）は、国立大学協会政策研究所が取りまとめた報告書「大学のコンプライアンスの在り方に関する調査研究」の中で、研究不正発生の要因を考察する上で、犯罪学における横領などの不正の発生要因に関するCressey（1972）の分類を取り上げている。すなわち不正の要因は、「① 動機（不正を誘発するインセンティブと圧力）、② 機会（組織構造の複雑性、リスク管理部門の離職率の高さ、統制活動の不十分さ、技術システムの効果不十分）、③ 不正の正当化（当事者の倫理観やコンプライアンス意識の欠如、基礎集団内の文化規範）」（羽田、2014、p. 18）に構造化されるという。本章ではこの捉え方を生命科学分野に当てはめて参考にしつつ、研究不正の生じる背景（図2）とその対応について考察したい。

### 2-1. 時代はディジタルになった

おそらく筆者の数年上の先輩方は、英語の論文はタイプで、日本語の

|  | 動機要因 | 機会要因 | 正当化要因 |
|---|---|---|---|
| ディジタル化 |  | ○ | ○ |
| 過度な競争 | ○ |  |  |
| 指導体制の低下 |  |  | ○ |
| オーサーシップ | ○ |  | ○ |
| 査読プロセス |  |  | ○ |
| 再現性 |  | ○ | ○ |
| 商業化 | ○ |  |  |

**図2：生命科学分野における研究不正の背景についての分類**
Cresseyによる犯罪学における不正の3つの分類をもとにしている。詳しくは本文を参照のこと。

学位論文はまだ手書きだったと思う。我々の世代から、日本語でも「ワープロ」が使えるようになり、写真を焼いて文字通り物理的に「切り貼り」していたものが、徐々にPhotoshopなどの洗練されたアプリケーションを使ってパーソナル・コンピュータ（PC）で作成する時代へと移り変わった。ディジタルなテキストや図表は容易に「Copy & Paste（コピペ）」できる。具体的なことは下記に後述するが、このような「コピペ」が容易なことは、研究不正の大きな「機会要因」となっていると考えられる。

並行して、論文投稿のスタイルも大きく変わった。かつては、夜中に24時間開いている中央郵便局まで原稿を抱えて走ったのだが、ディジタル化された現在では、雑誌の投稿サイトへのファイルのアップロードとなり、最後はドキドキする1クリック。以前なら、査読結果は忘れた頃にFAXで届くので、それまでの間は投稿した高揚感を楽しむことができたが、今では翌日にEditorial Rejectionのメールが届くこともある。あるいは、図書館で論文をコピーして持ち帰り、擦り切れるまで読んだのは遠い昔。今や雑誌の数自体も増え、論文は次々に電子媒体として産生され、PDFをダウンロードして、ときには印刷さえもしないでタブレットで読むこともできる。

さらに研究を取り巻く周囲の環境として変わったのは、メディアの多様化である。新聞とテレビだけだった時代から、インターネットの活用によるソーシャル・ネットワーキング・サービス（SNS）が可能となり、多数の匿名の読者が自分の意見をツイートし、Web上の記事を拡散することは、もはやありふれた日常の風景である。Huffington PostやBLOGOSなどの二次利用のインターネットメディアも多数の読者に好まれている。このようなメディアのディジタル化によって、研究不正の発見も拡散も容易になり、増加している。付け加えるならば、このような現象は、けっして研究業界だけの問題ではない。

以上のような「ディジタル化」があまりに急激に生じたことに指導的立場にある研究者の多くが追いついていない点が、とくにこの10年ほどの間に研究論文不正の告発が増加した背景の一部となっていると筆者

は考える。現代が「ディジタルな時代」であることを踏まえ、最大限に「ディジタル対応」について考慮することが、研究倫理を考える上で今、求められている。これは「正当化要因の軽減」することに関係しているといえるだろう。

### 2-2. 過度な競争原理と成果主義

2014年に某タレントグループと似た名称の不思議な細胞にまつわる研究疑義報道が日本中を席巻したとき、他分野の研究者の方から「生命科学は研究不正が多いですね……」と、「一緒にされては困る」というニュアンスのご批判を受けた。生命科学者の立場で言わせて頂けば、研究不正は生命科学分野の専売特許ではなく、科学の歴史とともに存在する。古くは紀元前2世紀のプトレマイオスが、ヒッパルコスの天体観測結果を丸ごとパクった可能性が近年の調査によって指摘されているし、ニュートンでさえ自分の理論に合わせてデータを綺麗に整えたのではないかと疑われている。

しかしながら、報告されている研究不正事例の数を見れば、確かに生命科学分野に多いことは事実である。これはなぜかといえば、まず第一には、生命科学研究者人口自体が多いからである。日本ではいわゆる「大学院重点化」以降に大学院生の数が10倍以上に増加した。にも関わらず、博士号取得者のキャリアパスとしてのアカデミアの椅子は比例して増えてはいない。そして研究分野について見渡すと、圧倒的に多いのが生命科学分野の大学院生や博士研究者（ポスドク）の数なのである。学位を得て任期付きのポスドクになっても、その次の段階である大学や研究所のポストが得られず、2度、3度とポスドクを繰り返す若手研究者も多い。彼らは大きなプレッシャーを感じながら研究生活を送っている。また、幸運にも研究室主宰者（principal investigator；PI）となった研究者も、運営費交付金の減少に見舞われ、採択率の下がった競争的資金の獲得競争の真っ只中にいる。

アカデミアのポジションを得るには、競争的研究費を取るにはどうす

ればよいか。それには、素晴らしい構想の研究計画を抱いていることは言うまでもないが、それと同時に大事なことは「実績」を挙げることである。その研究者が今後、どれほどの研究成果を挙げることができそうかというフィージビリティー、すなわち研究の実現性の評価は、業績欄で判断される。すなわち、論文の「数と質」である。この論文評価の際に使われるわかりやすい指標が「インパクトファクター（IF）」と「引用数」だ。

　ご存知のように、IF は個々の論文に付されるのではなく、その論文が掲載された「雑誌」に固有の数字であり、その雑誌に掲載された論文の「引用数」を元に計算される。いわゆる生命科学系の三大商業誌である Cell, Nature, Science 等には「30」前後の数字が付く。悲しいことに、学会誌として長い歴史を有する雑誌の IF は、下落の一途を辿りつつあり、例えば Cell Reports, Nature Medicine 等、上記の「姉妹誌」の方が新興ながら高い IF 値となっている。IF は引用をもとにして計算されるので、研究人口の少ない分野は引用も少なくなり、高い IF の雑誌とはならない、という問題もある。

　この IF という数字がやっかいなのは、分野の異なる研究者、つまり個々の研究の本当の中身を評価するだけの専門性に欠く場合でも、「○○さんは IF の高い雑誌に多数の論文を出しているので、高い研究力があるのだろう」という判断が容易な点である。このことはまた、研究コミュニティ以外の人々、例えば行政官であったり、新聞記者であっても同様であり、IF が高ければ評価が高くなるという現象を生み出した。

　一方、「引用数」は個々の論文の評価指標の一つであるが、これは研究分野の人口数に比例するものである。一つの例として、2016 年にノーベル生理学・医学賞を受賞された大隅良典先生のご研究を取り上げよう。大隅良典先生が 1990 年代初頭にオートファジーという研究テーマを開拓されたとき、研究人口は少なく、他の研究分野からは注目されていなかった。このような研究分野は「スモール・アイランド」型のステージにあるといえる（図3、出典として文部科学省科学技術・学術政策研究

第Ⅰ部　研究倫理の動向と発表倫理

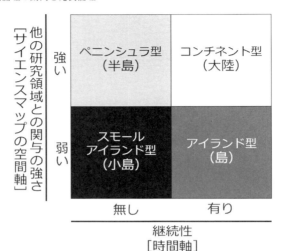

**図3：「サイエンスマップ2016」を元にした研究分野の分類**
ノーベル賞の受賞対象となった研究分野も、最初は「スモールアイランド型」であった。詳しくは本文参照。

所の『サイエンスマップ2014』を参照)。結果、2000年以前の段階では、オートファジーの論文が引用されることは非常に少なかった。それ以降、研究が酵母を用いた萌芽的な段階から哺乳類に広がった時点で、オートファジー分野に参入する研究者が一気に増え、確立した研究分野として他の研究領域とも繋がる広い「コンチネント型」に移行した。結果として引用数もうなぎのぼりとなったのである（図4、『サイエンスマップ2014』を元に作成）。同様のことは、例えば1951年にバーバラ・マクリントックの発見した「動く遺伝子（トランスポゾン）」についても言える。最初の発表当時、誰もが「そんなことはあるのだろうか？」と訝り、その重要性がいわば再発見されたのは、1961年にジャコブとモノーが細菌のオペロン説を提唱するようになってからだった。したがって、論文の引用数といえども、論文が出てから数年（あるいは、この後に紹介するアルトマン博士の神経新生の場合のように数十年？）の間は絶対的・安定的な評価指標とは言えない。

　少しIFや引用数の説明等がやや長くなったが、この節で言いたいこ

第 3 章 生命科学系論文の作法

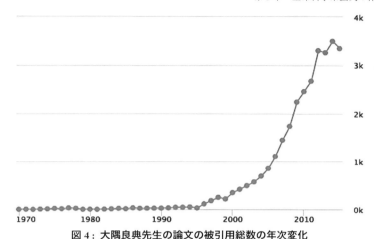

**図 4：大隅良典先生の論文の被引用総数の年次変化**
最初のオートファジー論文は 1992 年であったが、2000 年代半ば以降になって、多数の引用が為されるようになった（「SciREX センター報告」より作成）。

とは、研究不正の背景として「過度な競争原理・成果主義」があるということである（「動機要因」）。とくに生命科学分野に進学してきた学生にとっては、大学院からポスドクの時代を経て順当にアカデミアのキャリアを得られるかは大いに不透明であり、「やっぱり三大誌の論文持っていないと大学教員ポジションは難しいのではないか……」というプレッシャーがある。加えて、経済成長が低迷した時代に生まれた今の学生には、イケイケドンドンであった戦後の復興時代の「今、論文が出ていなくてもなんとかなるさ」的な気分はほとんど無い。大隅良典先生は、オートファジーを酵母で再発見する前、10 年間で 5 本しか論文を書いておられないが、今は、そのようなことが許容されにくい風潮である。

過度な競争は、必ずしもいつも、ではないが、研究室の「タコツボ化」を誘導しがちである。そもそも生命科学分野は労働集約的であり、働いた時間に比例してデータが出るという傾向があるため、研究者の長時間労働を生み出しやすい。そこに「海外の X 研究室よりも早く成果を出すのだ！」というボスの命令が加わると、遮二無二、データを出すため

の実験に勤しみ、他の研究室の研究者との交流が減るという傾向も、日本ではとくに生じやすい。

　働いた分、データがサクサクと出るときには問題が無いが、ときにはボスの仮説が間違っていて、予想通りの結果が得られない場合もある。その場合に、立場の弱い学生は大いに悩むことになる。そんなときに、グループリーダーの中ボスが一言、「そんなの、バンド（後述）をコピペしてデータにすればいいんだよ！」と囁いたらどうなるだろうか。

## 2-3. 研究指導体制の低下：「背中を見せて育てる」時代ではない

　前述の「大学院重点化」によって生じた問題には、もう一つある。大学院重点化により増加した学生数に比例して教員の数は増えなかった。すなわち、教員ひとりあたりが指導する大学院生の数が増加した。簡単な算数の問題であるが、大学院生の数が増えれば、大学院生ひとりあたりが指導を受けられる時間は減少する。すなわち、親身の指導が行き渡らなくなる。

　大学院生の指導は研究の現場での on-the-job training（OJT）であり、論文を読み合わせながら、あるいは研究をしながら指導することが基本となる。重点化以降もいわゆる大学改革施策が続き、「国立大学法人化」という大きな制度改革、その結果としての様々な書類作成の増加、先にも触れたが運営費交付金を削減して競争的資金の配分を多くすること、その一環として「21世紀COE」、「グローバルCOE」、「リーディング大学院」、「スーパーグローバル大学院」等の新規の制度が次々と作っては壊され、その対応に追われる、等々、教員が本来、研究や教育にかける時間は非常に減った。現代の生命科学分野では、研究以外の業務に疲れたPIの背中を見ていても、若い研究者の役には立たないことが多いのだ。

　加えて、生命科学分野ではテクノロジーの進歩が著しい。かつては、一つのテクニックを大学院生時代に習得すれば、そのテクニックを駆使して成果を挙げ、研究キャリアを全うすることもできた。職人技的な「技

術は盗んで覚えるもの」という側面もあった。だが現在では、次々と新しい技術革新が起きており、PIがその新規技術に必ずしも長じている訳ではなく、大学院生の方がむしろ進んでいることもある。すると、研究室内での研究進捗状況の報告の際に、PIが生データを見るのではなく、すでにPowerPointにわかりやすく整えられたものしか見ることができない、というような場合が生じる。繰り返しであるが、この場合も、研究成果を分析し、まとめて論文化するプロセスはディジタル化されている。その結果、どういうことが生じているかというと、PIが目にするものは、PIが立てた仮説にぴったりのデータにデフォルメされていたとしても、PIにはわからない。

したがって、いっそう、データを吟味する際にいかにethicalかつcriticalに行うかが重要である。しかしながら、日本人のメンタリティには、「最初から人を疑う」ことへの大きな抵抗があるようだ。重点化以前に大学院進学する学生はごく限られた、いわば奇特な集団だったが、重点化され、門戸開放されて、容易に進学できるようになった大学院には、多様な学生が進学してくる。多様なこと自体は悪いことではないが、大学院入試でふるい落とされていないので、中にはcriticalなコメントを受けただけで「心が折れて」しまう学生もいる。批判しているのはデータであって、人格ではないのだが、その区別が付かない学生は一定数いる。さらに、コミュニケーション力が極端に足りない学生も増加している。

一方、「先生に褒められたい」という気持ちは、おそらく根源的なものであり、「先生が喜ぶデータを出す」ことが重要と考える学生は多い。仮説に合わないデータが出たときこそ、もっと面白い現象を発見したのかもしれない可能性があることを日頃から伝えることは重要だろう。

2-4. 生命科学論文のオーサーシップと「逆サラミ問題」
　上記の「過度な競争原理と成果主義」に関係することとして、生命科学系論文のオーサーシップの問題がある。現在、CNSクラスに掲載さ

れる論文は、生命科学業界では単独の研究室のみの成果ではかなり難しいと言われている。それは、生命科学分野の進展にともなう必然なのだが、より最先端の技術を駆使し、複合的な解析が為されなければならないためである。そのため、A 研究室の研究を完遂する上で、B 研究室や C 研究室の解析技術を導入することが必要となる。必然的に、共著者の数は多くなり、10 人以上の名前が連なる論文もけっして珍しくはない。

さて、A 研究室の PI は、B 研究室や C 研究室が独自に持つ解析技術には不案内である。すると、論文化する際に、「Figure 3 とその結果や付図説明の部分は B 研究室で整えて下さい」と信頼してお任せ、ということになる。このことにより、B 研究室のデータに疑義があっても発見されにくいという構図ができあがる。

論文化の際には、A 研究室でもっとも中心的に研究した研究者が筆頭著者（ファースト・オーサー）になるが、さらに B 研究室で協力した研究者も「共同筆頭著者」（co-first author）にしてくれないか、というような交渉事が必要となり、これも著者たちのストレスになっている。生命科学研究業界では、このような共同研究の論文を作成する場合に、B 研究室や C 研究室の PI も著者の後ろの方に名前を連ねることになる。本学数学科の友人 K 先生は、「お金を出したり機械を持っていたりするだけで著者になるのはおかしい」と仰るのだが、紙と鉛筆とアイディアだけで勝負できる数学分野と異なり、生命科学業界では研究費や研究設備は論文として研究成果を発表する上で必須である。謝辞で済むのは、すでに論文掲載されたプラスミドや、ショウジョウバエの変異体を提供してもらったときくらいであろう。

人文社会系の論文不正の場合には、同じ内容の研究成果を、細かく分けて別の論文にする「サラミ論文」が問題となるが、生命科学分野では、逆である。かつてなら別々の論文として出すことが一般的であったかもしれない大量のデータを、ハイ・インパクトの雑誌に投稿するために、まとめて一つの論文にする「逆サラミ論文」の方が、間接的に論文不正に繋がる問題を内包していると言った方が良い。

## 2-5. 生命科学論文の査読プロセス

冒頭にも述べたが、かつては論文を投稿したら、まぁ、1ヶ月くらい、だいたい2ヶ月程はゆっくりした気持ちになれたものだった。今は、査読に回って早ければ2週間で結果がメールで届く。なんとも慌ただしい世の中になった。

査読（peer review）というシステムは、科学の歴史の中で確立されていったやり方だが、良い面も悪い面もある。著者の独りよがりな主張に他人の、専門家としてのコメントが付けられ、その改訂（リバイス）を行うことによって、論文の完成度が高くなるのはメリットだ。しかしながら、2名～4名くらいの査読者（レビューワー）を満足させないと、論文はリジェクトされる。査読者も研究者であり、日々忙しい。そこに加えて最近では、査読期間はどんどん短くなって、生命科学系の雑誌では2週間が標準であろう。この理由は、新規発見をなるべく早く世に出したいので、雑誌がこぞって「うちは平均査読期間が17日です」というようなことを競うようになったからだ。

査読の締切りが近づくと、「Your review will be due in 2 days」などの催促メールが編集部から自動的に届く。そのようなイラっとした気分で査読されるためかどうかは不明だが、査読コメントは非常に厳しいことは多々ある。簡単な改訂で済めば良いが、A4に打ち出して数ページにわたるような多数のコメントが付くと、その対応には非常に時間とストレスがかかる。そういう研究者が他の論文査読をしているので、お互いに無意識にどんどんコメントが辛口になる傾向があるのではないかと筆者は推察する。

これまた数学科のK先生のコメントなのだが、「数学の論文の査読には1年くらいかかるのもありますよ。だって、そのくらい時間をかけないと、書かれていることが正しいか証明できないじゃない」。これを聞いて、そんなことをしたら、生命科学業界では生きていけないと思ったが、でも実際には、リバイスを2度くらい行うと、あっという間に1年半が過ぎたりもする。もちろん、この場合は論文内容を改訂するための

追加実験を行うことも含めてなのだが、いずれにせよ、現行の査読プロセスによって世界中の生命科学研究者が疲弊していることは事実である。

加えて、「peer review」というのは「こっそり覗き見」することを意味しており、査読者が回ってきた論文の研究内容を盗み見て、査読論文には厳しいコメントを付けてリバイスに回し、その間に自分の研究室でその研究を行って論文化してしまう、などという倫理観の欠如した事件にも残念ながら散見される。

## 2-6.「再現性」という罠：生命科学系論文の信頼度

このような血と涙の査読プロセスを経て雑誌に掲載される生命科学系論文だが、それを読んだ研究者たちは諸手を挙げて賞賛するのではなく、「本当なの？」と疑ってかかり、「面白そうだから、本当かどうか確かめて、さらに次の研究を行おう」と考える。自分の研究室で再現できなかった場合には、「なんだか怪しいね」といって放置される。論文掲載をもとにしてメディア報道が為される場合に、市民はその成果が「正しい」ものと信じるのだろうが、専門家は論文が出たからといって、全面的に正しいと信頼しているわけではないのだ。

論理的に論文の内容が正しいかどうか確認できる数学と異なり、生命科学の論文は、それが世に出たからといって「絶対に」正しいと言える段階ではない。例えば、1960年代に米国のAltman博士は、「生後のラットの海馬でも神経細胞が生まれている」ことを見出してJournal of Comparative Neurologyという歴史と伝統のある雑誌に報告した。残念ながら当時、初めて「神経新生」について報告したこの論文は重要視されなかった。「まぁ、ラットは下等なのでそうかもしれないが、霊長類、ましてヒトではそんなことはないだろう」と思われていたので、再現実験を行う研究者もほとんどいなかった。

状況が変わったのは、1980年代半ば、季節ごとに歌を覚える鳴禽の歌学習に伴い、関連する脳部位において神経細胞が新たに産生されると

いう事実が報告されてからである。「学習」という大事な現象と「神経新生」が関係するなら、それはきっと面白いかもしれない、と気づいた神経科学者たちがこぞってこの分野に参入し、その再現性は齧歯類のみならず、サルでもヒトでも確認された。

　生命科学系の実験は、多くがスモールスケールではあるが、それなりに手間暇かかるので、本当に面白いと思わなければあえて再現性の実験に取り組むことは無い。生命現象それ自体が複雑であり、実験系も複雑なので、再現性がいつも必ず簡単に得られるとは限らない、というのも折り込み済みであり、そのことも研究不正が生じる背景となっている。そして手間暇かけて再現性を確かめたとしても、それだけでは「二番煎じ」なので、良い雑誌（IFの高い、いわゆるハイ・インパクト・ジャーナル）に掲載されることはありえないので、研究者のモチベーションは高くない。したがって、生命科学研究者は、ある論文がたとえNatureに掲載されたとしても、それはまだ疑問符付きの状態であると見なしている。

　再現性が得られない場合は、「あの論文はちょっと怪しいかもしれない」という業界内の噂として伝わり、そのまま放置される。実際、過去にそういう論文がどれだけあったかは筆者にも不明だが、とくに年齢の上の先生方は「論文なんてそんなもんだよ」と仰ることもある。

　一方、ある時点での解析技術において得られた結論が、後の最先端機器を用いた解析によって覆る場合もありうる。この場合、後からみれば先の論文が「間違っていた」ことになるが、研究不正の結果ではない。

　しかしながら、冒頭で述べたディジタル時代においては、再現性以前の問題として、論文の中に含まれる「不正」が、まったくの分野外の人々の手によって暴かれることになった。

## 2-7. 生命科学の商業化

　生命科学研究に多額の研究費が投じられるようになったのは、旧ソ連と米国の冷戦終結後と捉えるのが一般的である。米国の政府予算が国防

費から生命科学研究にどっと流れ込んできた。このことは、生命科学や関連する医学研究を推進することが、創薬や治療法の開発等に繋がり、関連する企業の利益を生み出し、そこから税金を徴収する国の利益にも繋がるとみなされたからと考えられる。

　上記に述べた生命科学論文の「査読期間の短縮化」は、上記のような背景をもとにした「生命科学の商業化」と大きく関係している。特許申請との兼ね合いから、少しでも早く論文掲載したいという圧力が生じたからだ。その後、論文掲載日よりも「発見そのものが為された日」が大事であるとして、ノートの記載の仕方のルールができあがっていった（後述）。

　科学者の週刊誌として1869年に創刊された綜合学術雑誌Natureが高IF値の「権威ある雑誌」になっていったのも、生命科学の商業化と無縁ではない。よりインパクトのある論文を掲載すること、ほぼ同じ内容の論文を2つ、3つまとめて同じ号で取り上げること（back-to-backの掲載）などは、「売れる雑誌」となるための作戦でもあったが、いわゆる業界の重鎮がEditor-in-Chiefとなっている学会誌と異なり、商業誌のエディターにはそこまでのキャリアは無いことが多い。彼らは「科学的な評価」については「査読者」に責任を負わせつつ、より「面白い」論文を好み、アクロバティックな要求をしてくることが多い。国際学会にそのようなエディターたちが参加すると、その回りには研究者が群がり、なんとか自分の研究を売り込もうとする姿も散見される。逆に、すでに権威ある研究者の方には「最近、面白い研究はありませんか？　ぜひうちに出して下さいね」と擦り寄ることもある。

　首尾良く受理されたとしても、このような商業誌に論文掲載するには、なんと数十万円の投稿料がかかる。論文別刷りを作成すると、さらに費用が派生する。最近流行りの「オープン・アクセス・ジャーナル」の場合は、雑誌の購読者ではなくてもウェブ上に掲載された論文を電子媒体として読むことができるが、その費用を投稿者からの掲載料で賄うというビジネスモデルにもとづいているため、やはり掲載料として数十万円

が必要となる（なので、生命科学研究には研究費が必要であり、研究費を得た研究者は論文の著者として必須なのだ）。激減している運営費交付金のみで生命科学分野の論文を出すことなど、もはや不可能な時代となっている。

　生命科学業界は研究者だけの閉じた世界ではなくなった。学会の集会、つまり大会や年会と言われる行事も商業的になったが、その点については本稿では触れないでおく。

## 3.　生命科学分野において研究不正を防ぐには？

　以上、生命科学分野における研究不正、論文不正の背景となっている7つのことがらについて説明した。1〜3は他の研究分野とも比較的共通することであるが、4〜7は生命科学分野において際立って問題であると筆者は考える。また、これらは互いに交絡しているため、やっかいである。

　では、どうしたら良いのか？

　研究不正を防ぐには、① 動機要因の低減、② 機会要因の低減、③ 正当化要因の低減が必要である（図2を参照）。この中で①は上記の2-2「過度な競争原理と成果主義」や、2-7の「生命科学の商業化」と関係しており、社会全体としての対応が望まれる点である。実際に、画像不正（研究業界に限らない）が他人事ではない画像処理ソフトを開発しているアドビシステムズ株式会社では、数年前からAdobe Education Forumというイベントを学生や教員を対象として開催し、「意図しない画像不正を防ぐために」というレポートも公表するなどの企業努力をしている（アドビシステムズ株式会社、2015）。ハイ・インパクトな雑誌を出版している会社も、査読システムの改善などに取り組んでほしいと願っている。

　生命科学コミュニティに所属する者としては、② および ③ への対応を考えたい。なお、2-2の「オーサーシップ」については、①とも関係するが、③ への対応の中で扱う。残念ながら、より実践的なデータの

取扱い（例えば画像処理、生物統計等）については本章において論じる紙幅がなかった。また、テキストのコピペ発見のためのツールやウェブサイト（iThenticate やコピペルナー等）、画像不正検出システム（LP-exam）も開発されているので、専門的に論文不正を扱う必要のある方は参照されると良い。

### 3-1. 研究室内の透明化とタコツボ化の解消

研究室としての組織的な論文不正の事例では、研究倫理的に問題のある「うちのラボルール」が横行していることが指摘されていた。PI が忙しく目が行き届かないと、不正なラボルールは、中間管理職から大学院生へ、大学院生から学部生へと伝播する。「このくらいは大丈夫」、「これはやっても OK」的な不正は、閉じた環境の中で形作られていくものである。

研究室の進捗報告会（プログレス・レポート・ミーティング等）において、良いデータのみ示して、仮説に合わないデータを隠すことが慣習化すると、それもまた不正の温床になる。研究報告をボスとの間でしか行わない、論文化されるまでは学会発表は行わない、研究室外の研究者にはコンタクトしない、などのルールも良くない。

学生さんの側も、単に論文発表リストだけ見て研究室を選ぶのではなく、例えば研究室見学を行う際に、「プログレスの発表などはどのように行うのですか？」というような質問をして、研究室の様子を探るべきである。

### 3-2. 図の引用のリスペクト

生まれたときからインターネットがあるディジタル・ネイティブな学生は、そもそも、「なぜコピペはいけないのか？」を知らずに研究室に入ってくる。 例えば、何か面白いウェブ記事を見つけたとしよう。自分が読んで面白かったので、他の友だちにも見て欲しいと思ったら、その記事の URL をダイレクトメッセージや LINE で相手に送ることができる。

シェアによる拡散がきわめて容易にできるように、各種のSNSの使い勝手はどんどん良くなっている。このような善意に基づく「シェア」は基本的には悪いことではない。

研究室内でPowerPointを用いた研究報告プレゼンテーションをする際、研究背景の説明のためには、適切な総説を読んで、その図を「引用」するのが一般的である。これを手っ取り早く行うのに、何か良い図が無いか、ウェブで画像検索サイトにキーワードを入れれば、たちどころに多数の候補画像が挙がってくるので、その中から見栄えの良さそうなものを選んでくる、というのは、悪意は無いのだが、すでにグレーゾーンである。本来、「引用」は中身をよく吟味した上で行わなければならない行為であるからだ。SNS上での「シェア」も、基本的には元記事の情報が伝わるようになってはいるのだが、何度もシェアされていくと不明になる場合もある。

PPTスライドに出典無しで画像を貼り付けるのはブラックと思った方が良い。これは、もともとの図を作成した方の努力に対して敬意を払っていないことになる。自分で同じ図を描こうとしたら、どれだけ時間がかかるか考えたらよい。それを端折って楽をするのであれば、最低限のリスペクトとして出典を示すべき、というのが「クレジット」に対する考え方の基本となる（営利目的のセミナーでの使用や、インターネット上で公開されるような二次利用については、さらに取扱いに注意を要する）。

だが本来、こういう指導は、インターネットに初めて触れる初等中等教育時に行うべきである。何事も最初が肝心だ。そして、何度も行うべきでもある。研究室のセミナーで、引用されていないコピペを見つけたら「この出典は？」という一言を忘れないようにしたい。

## 3-3. 文献引用のリスペクト

根拠となる文献の引用は科学論文執筆の基本である。ディジタル化以前の時代においても、文献の「孫引き」は存在した。すなわち、引用す

る総説で引用されている文献について、ちゃんと読んでいないにも関わらず、「これが元論文だから引用しておく」アリバイ工作だ。簡単に論文が検索できるディジタル時代において、このような「ちゃんと読んでいない文献引用」は、さらに容易になったといえる。生命科学系の論文ならPubMedで検索窓にキーワードをいくつか放り込むと、瞬時に該当する可能性のある論文が提示され、それをEndNoteなどの文献整理アプリケーションにダウンロードすることによって、ほとんど機械的に文献リストを作成することができるのが現代である。

したがって、指導者は著者がその文献をきちんと理解しているか、なぜその論文を引用したのかなどを注意深く確認することが必要といえる。

### 3-4.　他人のテキストのリスペクト

思い出話になるが、18年前に東北大学に奉職し始めた頃、教養の生命科学を担当したのだが、期末の試験に替えてレポート提出を求めた。すると、ちょうどディジタル化、インターネット化が始まった頃で、ネット上からコピペったレポートが提出されたことがあった。コピペレポートを作成した学生はバレないと思ったのかもしれないが、コピペの部分は「臭う」ので、該当部分をGoogle検索すれば瞬時にコピー元記事は見つかるものだ。「コピペは不可（文字通り、合格できない、という意味で）」と予め伝えてあったので、落第した学生が私のところにやってきた。「どうして参考にした教科書を丸写しした友人のレポートは合格で、私のものは駄目なのですか？」と訊いてきたので、「教科書を手書きで書き写すのは前頭葉を使っていますが、ネットからのコピペは＜脊髄反射＞的なので、勉強になっていないので駄目です」と伝えた。本当は「元の記事を書くのにどれだけの労力が必要だったか、それをリスペクトしていないのでコピペは駄目なのです」と諭すべきだったと反省している。いずれにせよ、年々、コピペレポートが多くなり、ちょうど教養科目の担当から外れたこともあって、その後はレポート提出を求めた

ことはない。

　論文不正について生命科学系・医学系の研究者と意見交換をした際に、文章のオリジナリティに対するリスペクトはどの程度必要か、という点において意見が分かれた。

　論文の中に「Materials & Methods（もしくは Experimental Procedures など）」というセクションがある。ここは実験手技を書くところなので、新たに画期的な実験手法を開発した論文でなければ、オリジナリティを発揮しようがないとも言える部分である。しかしながら、これを論文剽窃チェックのためのアプリケーション（iThenticate など。章末参照）にかけるとウェブ上のありとあらゆる論文を検索して、似ている部分がチェックされる。現在、雑誌にもよるが、一致率が 90% を超えるような場合には、投稿論文が突き返される場合もあるので、メソッドの部分は頭が痛い。

　そこで、他の部分では可能な限りオリジナルな文章にしなければならないのだが、ここで意見が分かれたのが「イントロダクション Introduction」の扱いだ。「もちろん、イントロだって、その研究の背景や仮説を述べる大事な部分なのだから、オリジナリティが大切」という意見がある一方、「いや、論文の価値が宿るのは新規の結果とディスカッションであって、背景なんてあまり重要ではないのでオリジナリティ云々は二の次」という主張をされる方もおられた。細胞の種類や投与する薬物を変えるごとに論文として発表するような研究分野（生命科学以外では材料化学なども似た傾向か？）では、たしかに「イントロ」部分のオリジナリティは発揮しにくいだろう。

　日本人が英語の論文を書くというのは、母国語ではないという点で大きなハンディがある。「英作文」ではなくて、まずは「英借文」をしてみなさい、という風に言われた方も多いのではないか。そもそも、科学の重要なオリジナリティは言語に依存するものではないはずだが、曖昧さの多い生命科学分野においては、英語の書き方でストーリーの魅力が変化するということも事実である。

今は原稿に朱筆を入れる時代ではないので、ビギナーの学生の書いてきた原稿をモニタに映し、なぜこの副詞の方が学生の選んだ副詞よりも適切なのかと一緒に考えながら論文原稿の修正をする、などの手間をあえてかけるべきである。とくに初めて長い文章を書く際に、徹底的に行うのが理想である。学会の抄録・要旨では、短くパターン化されているので、あまり on-the-job training にならない。また現在、テキスト作成の主流となっている Word と呼ばれる商業ソフトでは、「変更履歴」を付けて修正を加えることができるが、もし相手が「ドキュメント内の変更をすべて承認」してしまったら、まったく学習の機会が失われると思った方が良い。

### 3-5. 気をつけよう①：データの「仮置き」

研究室内やグループ内の進捗報告会において、「このデータは今、実験中なのですが…」として、「こういうデータが取れるはず」というデータを「仮置き」した図を見ることは無いだろうか？ 生命科学系の論文では、しかもハイ・インパクトな雑誌への投稿を狙えば狙うほど、膨大なデータを扱うことになる。しかも、投稿直前は締め切り前の出版社編集部さながら、多数の校正チェックに追われる。似たような図が多いこともあって（とくに、「バンド」のデータが多い生化学的解析などでは）、「仮置き」だったものがいつのまにか「投稿データ」にすり替わってしまう。

このエピソードは、生命科学分野でこれまでに不正の疑義があった論文において、実際に起こった話である。したがって、データは「仮置き」するのではなく、空白のままにして口頭で説明するか、仮置きの図には「仮」もしくは「ただいま取得中」などの文字を入れるなどして、間違いが生じないように気をつけたい（図 5 として架空の例を示した）。

### 3-6. 気をつけよう②：図はいくらでも綺麗になる

筆者が初めて書いた論文の図は、撮影したフィルムを現像し、印画紙

第 3 章　生命科学系論文の作法

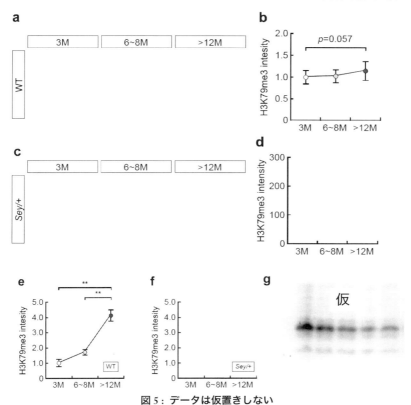

**図 5：データは仮置きしない**
後で間違わないように「仮」などの文字を上に載せても良い。図は筆者の研究室のデータを元にしているが仮想のものである。

に焼き付け、大きさを合わせてカットし、ケント紙（←いったい何年ぶりに使う言葉だろう！）に貼り付けた後、インスタント・レタリングと呼ばれるシールを用いて A, B, C などの文字を載せたものだ。今はこれらの作業をディジタルに、自分のデスクで PC を用いて簡単に行うことができる。これは非常に労力を減らしたのではあるが、簡単に図を「いじる」ことも可能となった。

　Photoshop や Illustrator など、少しプロ仕様のアプリケーションを使えば、ディジタル画像はいくらでも修正が可能であることは、ファッショ

ン誌のモデルのスタイル例などを動画検索してもらえば、いくらでも観ることができる。図の中に細胞の数が足りないなと思ったら、別の画像から切り取って貼り付けることだってできるし、ましてや、単純な生化学的データ（いわゆる「バンド」のようなもの）なら、もっと簡単だ。

筆者の聞いた事例では、PI自らが「コントロール（対照群）のバンドは、この画像を使うこと。試薬代がもったいないので、コントロールは取らなくて良い」と指導した。生命科学実験のほとんどのデータは相対的であるので、コントロールとの比較は必須であるのにも関わらず、研究費が枯渇していたことが動機となったケースである。

しかしながら、この手のフェイクは、いとも簡単に不正の発見ができるということもまた事実である。どうやるかというと、例えばPDFファイルの図の部分を2000％くらいに「拡大」してみよう。すると、不自然な図の輪郭や、コントラストの差などが浮かび上がってくる。あるいは、同じ画像の拡大率や明るさなどを変えて別のデータとした場合なども、慣れた人なら簡単に不正を見つけることができる。実際に、インパクトのある論文が出た場合に、こういう操作を行うことのできるスキルを持った匿名の人たちがたくさんいて、論文不正を暴き出すのだ。ちなみに、LP-examというソフトが、このような画像不正を検出するためのツールとして販売されている。

指導者は、こういう事実を知った上で、注意深くデータを観ることを習慣にしなければならない。加工していないデータの段階から吟味することが大切である。

## 3-7. 気をつけよう③：過度のプレッシャー

以上、3-2から3-3までは、ディジタル時代を念頭に置いたテクニカルな面についての研究不正防止策について述べたが、最後に、もう一度、理念として大事な点に戻りたい。

上記3-5として取り上げた「データの仮置き」は、指導者に内緒で、こっそりと行われる場合もある。「どうせ、今週中には取得できるデータだ

から大丈夫」と推測し、あたかも「もうデータを取りました！」という発表を行うケースだ。もちろん、これは不正なのだが、その動機として「ボスに認められたい」というような心理が働いている可能性も考慮した方が良い。研究室内での競争やプレッシャーが厳しい場合に、このようなケースが生じる可能性が高い。切磋琢磨はどのような分野であれ、互いを高め合う行為であるが、行き過ぎると過度のプレッシャーとなり、不正の生じる動機となる。

　例えばボスが帰り際に「今度の出張までに、論文原稿、用意しておいて！」と言い残すとき、それはプチ捏造へ至る分かれ道になるかもしれない。ボスの時間の見積もりと異なり、言われた研究者や学生は、ボスの要望に対応するには時間が足りないと感じていることもありうる。

　とある学会で研究不正予防についての講演をした際、質疑応答で「昔はボスがWhat's new?と言いながら週末にラボに立ち寄ったりするのは当たり前でしたよ。今だってありますよ。そういう研究室が皆、不正をしている訳ではないでしょう？」とコメントされたこともある。しかしながら、「データ、まだ出てないの？？？」というプレッシャーは、受けた相手の心の強さと倫理観によっては、鬱に繋がるか、研究不正に繋がるか、そういう可能性もあることを考慮した方が良いと筆者は考える。

　「エラーバー、大きいね……」という呟きも、プレッシャーと学位のかかった学生にとっては、キツイ一言となりうる。データのバラつきが大きいのなら、その理由をともに考えることも必要であろう。そこから何か交絡している因子の発見に繋がることもある。

　ボスの描いた仮説どおりのデータが出て来る場合、たいていそれは普通の発見だと思った方が良い。仮説どおりではないケースには、もっと面白い真実に繋がるヒントが隠されているかもしれないのだ。

## 4.　あとがき：不正の芽は早いうちに摘むべし

　本章では、生命科学分野における論文不正の背景と、それをどのように防ぐかという観点で、大学教員として何ができるかを中心に論じてき

た。しかしながら、不正は研究業界だけの問題ではないことは、数多くの事例から容易にわかり、倫理観に欠けた大人の様子は子どもにも伝わるものである。

　本稿の脱稿の兆しが見えたある日、筆者の専門とする神経科学分野で「The brain adopts dishonesty」というタイトルの論文が出た（Garrett et al., 2016）。著者によれば、不正行為は繰り返される間に増強する傾向があり、脳の部位としては扁桃体が関わるという。もちろん、この論文での発見が本当に正しいのかについては、今後の動向を見守らなければならないが、要旨の最後の一文を引用しておこう。「The findings uncover a biological mechanism that supports a 'slippery slope': what begins as small acts of dishonesty can escalate into larger transgressions.」

　複製や修正が簡単にできるディジタル時代において、どのようにオリジナリティを保つことが重要であるのかについては、子どもが最初にディジタル・ツールに接するときから、理解の段階に応じて繰り返し伝えるべきであると筆者は考える。

　大学という高等教育機関において、学部生と大学院生を預かる教員としては、研究という行為を通じて他人を、他人の作品をリスペクトすることを教えていかなければならない。学部生・大学院生に対する倫理教育もさることながら、ファカルティ・ディベロップメントの一貫として、教員側にも研究倫理について、その指導の仕方を学ぶ機会も必要であろう。研究不正に対しては CITI 等の e ラーニングの教材も整ってきたが、より実践的な「ワークショップ」なども、今後必要になると思われる。学生が個別の研究倫理に関する事例について、相談しやすい窓口などが設置されれば理想的である。

　最初の実験レポート、最初の卒業研究論文、最初の修士論文、最初の博士論文、そういうタイミングにおいて、指導者がいかに丁寧に誠実に接するかが、相手の倫理観を決めるものではないだろうか。手っ取り早く研究成果だけ出してくれればよい、というような気持ちが指導者にあれば、相手はそのように対応することを学習する。学生は、厳しい指導

者よりも楽に御すことができる指導者に流れる。最初の指導が甘いと、不正は徐々にエスカレートする。研究倫理が研究コミュニティにとって重要であることの意識を皆で共有することが、ディジタル時代の今、強く求められている。

【参考文献】

黒木登志夫（2016）.『研究不正 ―科学者の捏造、改竄、盗用』中公新書. 中央公論新社.

羽田貴史（2016）.「リスクマネジメントとしての研究費不正・研究倫理」 国立大学協会政策研究所編報告書『大学のコンプライアンスの在り方に関する調査研究』（pp. 13-27）.

Cressey, D.（1972）. *Other People's Money : A Study in the Social Psychology of Embezzlement*. Wadsworth Publishing Company.

文部科学省科学技術・学術政策研究所 科学技術・学術基盤調査研究室編（2016）.『サイエンスマップ2014　論文データベース分析（2009-2014年）により注目される研究領域の動向調査』NISTEP Report No. 169.

Garrett, N., Lazzaro, S.C., Ariely, D., & Sharot, T.（2016）. The brain adopts to dishonesty. Nat Neurosci, doi : 10.1038/nn.4426.

【参考ウェブサイト】

研究倫理（研究ネカト）　白楽ロックビルのバイオ政治学　http://haklak.com/

科学技術イノベーション政策研究センター（SciREXセンター）「2016年ノーベル生理学医学賞受賞大隅良典名誉教授の論文・特許および資金調達に係る予備的分析を実施しました」（2016年10月5日付記事）　http://scirex.grips.ac.jp/topics/archive/161005_625.html

アドビシステムズ株式会社（2015）.「意図しない画像不正を防ぐために」　http://www.adobe-education.com/jp/ace/pdf/AEF2015_report_1.pdf

論文剽窃チェックサイト iThenticate　http://www.ithenticate.com/

コピペルナー　http://www.ank.co.jp/works/products/copypelna/

研究画像不正自動検出システム　LP-exam Pro 2.0　https://lpixel.net/services/research/lpexampro-2/

CITI Japan　https://edu.citiprogram.jp/defaultjapan.asp?language=japanese

# 第4章　人文・社会科学分野における研究倫理の課題

羽田　貴史（東北大学）

## 1　人文・社会科学分野の研究倫理は自然科学と違うのか？

　研究倫理の中核は、研究者が責任ある研究（Responsible Conduct of Research）を実行できるように様々な価値規範を身に着け、判断して行動することにある。研究倫理を育てる RCR 教育にとって重要な課題の1つは、プリミティブではあるが、人文・社会科学分野の研究倫理が、他分野の研究倫理と異なるのか、異なるとすれば何がどう異なるのかという点である[1]。研究倫理について分野の異なる研究者集団と議論をする時に浮上する論点の一つは、分野による研究倫理の違いであり、人文・社会科学と自然科学との違いである[2]。

　例えば、2014年文部科学大臣決定「研究活動における不正行為への対応等に関するガイドライン」（以下、2014年ガイドライン）は、データの保存・開示（第2節1(2)）を定めた。その議論に関し、ある法学系研究者が、法学系のデータはすべて活字で公表されたものであり、保存するまでもないという意見を述べたことがあった。法学研究の対象となる法令や判決は、活字の形で公表されているが、法社会学的アプローチを取る場合には、人を対象としたインタビューやアンケート調査を行い、個人情報の保護に配慮する必要があるのは言うまでもない。大学におけるあらゆる出来事を、自分の研究スタイルからの視野で解釈し反応する典型例であり、人文・社会科学の独自性という主張は、他分野を知らないことから派生するものも多い（独自性とは他との比較で定義されるものである）。

　人文・社会科学においては、研究不正はほとんどないという反応も見られる。この点を解明する信頼性の高いデータはない。新聞記事をもと

にして研究不正を分析した松澤（2013：161）は、医歯薬学系にくらべ、商学・教育学・経済学分野の発生率が高いとする。2014年ガイドライン以後、文部科学省に報告された12の事案中、人文・社会科学は政治学・社会学など6件である[3]。大学における人文・社会科学及び教育学の研究者比率は32%であるが、あまり意味のある比較ではないだろう。

一方、Grieneisen & Zhang（2012）は2010年のウェブサイトにおける科学論文の取り下げを専門分野別に分析し、医学、化学、生命科学、学際融合分野の論文取り下げの比率が高く、工学、数学、社会科学の比率は低いと指摘する。数学分野の取り下げ率の低さは、ピア・レビューによる検証手続きを通過しなければ、論文掲載が認められないために、捏造・偽造を排除する構造になっているからであろう。専門分野によって、研究不正の発生要因は異なるのは確かであるが、学問研究や教育の問題を論ずる際に、普遍的な概念や枠組みを探るのではなく、分野別の多様性を強調し、世界を解釈する研究者のメンタリティがそのまま存続すると、研究活動が実際に営まれる機関単位の共通性を弱め、研究科・専攻・研究室のような小さな単位に研究倫理の構築を分割し、共通の文化を作り上げることを弱めてしまう。本書第1章でみたように（pp.14–16）、リスクマネジメントの視点からは、研究組織の開放性はリスクを減少させる重要な要素であり、研究倫理の組織基盤が分割されることは、不正リスクを高める。

また、異分野との共同研究や国際共同研究を進める上でも、研究倫理を共通のものとして共有する必要がある。さらに、研究倫理の人文・社会科学分野の研究倫理について検討すべき理由である。

## 2　人文・社会科学分野の研究倫理をめぐる現状

### 2-1　いくつかのケースから見る研究倫理文化

人文・社会科学分野の研究が、価値・実践倫理を追求するものでありながら、研究倫理全般への理解と文化が醸成されているとは言えないことは、上に述べた通りであり、以下に、古い事例も含むが、研究倫理に

第 4 章　人文・社会科学分野における研究倫理の課題

関する文化を理解する上で必要と思われるので紹介しておく。

　**ケース 1**：1990 年代の中頃、教育学関係のある学会報に、A 大学院の院生 B が同じ研究科の院生 C のアイディアを盗用したとの告発文書が複数の第三者による署名で掲載された。次号の学会報で、院生 B の反論が掲載され、盗用は発表された論文についてのことであり、アイディアは自分のもので盗用に当たらないと主張した。当該学会には倫理規程や処理する組織はなく、事務局に告発文書が投稿され、事務局判断で掲載されたものである。学会として調査委員会等が設置されることはなく、告発と反論のみで学会の取り組みはなかった。

　告発文書の掲載後まもなく、学会理事 D は、私信として会報編集責任者の E 理事に一方的な告発は不公平で手続き的に問題であるとの手紙を送付した。E 理事は、D 理事が欠席した理事会に了解なく私信を公開し、理事会は当事者がいない場で議論する問題があったにもかかわらず、そのまま議事を進め、告発文書を学会報に掲載することの是非について論議を行わず、会報掲載を追認した。直近の総会で、告発文書の掲載について問題指摘の発言があったが、特に何かの結論に至ることはなく、すべてがあいまいになった。

　**考察**：アイディアの盗用は、活字化された文書がある場合にはともかく、研究会等での論議の場から派生する場合、盗用したとされる側と盗用されたとする側の認識に齟齬があり、事実認定が極めて困難である。当時は、研究不正についての問題も顕在化しておらず、この種の事例を扱うルールが不在であったとは言え、盗用されたとされる側ではなく、第三者が告発文書を作成し、論文の取り消しを学会に求めるのではなく、批判のために会報に掲載させるという異例の出来事であった。さらに、会報掲載に関する理事の異議申し立ての扱いも、当事者の了解なく排除して議論するという手続き上も極めて不適切なものであったが、問題指摘もなかった。一方的な正義の感覚が暴走しやすく、学会理事会に社会常識があるとは限らず、研究倫理の基盤は常識であることを示す事例である。ちなみにこの学会は、現在でも倫理綱領や投稿論文への研究不正

に関する告発を扱う規定を一切おいてない。

　ケース2：2010年頃、教育学関係のある学会紀要に投稿された論文が、投稿者が他の紀要に投稿した論文と類似のテーマと題目であるという指摘が査読者からなされた。学会紀要委員会は相手方の紀要編集委員会に連絡を取り、双方の投稿論文を相互に検討し、重複部分は背景説明に関する数百字（まったく同一）であり、本体は異なるので、「行儀が悪いが二重投稿ではない」という結論に至った。結果は、投稿者が修正して再提出を求めることで決着した。

　考察：両編集委員会でスピードある協議と対応が行われ、共通理解で解決した。第1章で述べた二重投稿に関するCOPEのチャートにほぼ沿った処理が行われたが、見解が一致したからよかったものの、相違した場合にどういう処理になるのか、という問題は残った。

　なお、事後処理として、当該学会編集委員会は二重投稿・出版の禁止に関する定めを作成して理事会で検討し、成案となって公表されている。個別ケースの処理を通じて共通化するルールが策定された見本である。ルール策定に関する議論の過程では、二重投稿・出版の理解の多様性が噴出したことも重要である。「二重投稿とは、査読のある学会誌について言うことで、大学の紀要に掲載されたものを学会誌に投稿しても該当しない」、「科研の報告書に書いたものは該当しない」などの意見が学会理事を務めるシニアな学会員からも出た。二重投稿が問題ということを共有しても、何が該当するかは、個人の経験で多様であることが示され、議論し、言語化することで規範が共通化するといえる。

　ケース3：2015年頃、教育学関係のある学会の研究グループ内で、研究者Aが同じグループの研究者Bの論文を引用した論文を電子媒体に掲載したところ、Bは不適切な引用で捻じ曲げていると抗議した。引用自体は複数の研究者が検討して、適正なものであるとの意見が得られたが、Bが取り下げなければ弁護士を伴って告発すると主張したため、Aは本意ではないが、面倒を避けるため取り下げた。

　考察：引用は常に被引用者の意図の通りに行われるものではなく、出

典を明記せずあたかも引用者の知見のように記述したり、悪意を持って歪曲し批判したりするのではない限り、許されるものである。なぜ攻撃を行ったかはあまり明確ではないが、背景には、研究の成果を共有物ではなく、特許のように私的に独占しうるとの理解があると思われる。筆者の経験でも、単なる引用なのに、引用してよいかどうかの打診を受けたことが30年間に2、3回あった。告発は、思い込みや勘違いでも起きうるという事例である。また、告発された側も、面倒を避けたため、引用についての考え方を共有する機会とはならなかった。ちなみに、この学会は学会誌の投稿論文に関する倫理規程はあるが、倫理綱領は制定されておらず、この事例を処理する仕組みは明示されていない。

**ケース4**：2010年代のこと、現職教員向けのセミナーの課題に対し、ある中堅教員の提出したレポートが、インターネットに掲載されていたエッセイと全く同一であった。説明を求めたところ、ホームページに「著者への了解なく自由に利用してよい」との記載があったので、構わないと思ったとの説明があった。ホームページの記載は、著作物の二次利用に関するもので、著者が二次利用について許諾不要としたに過ぎない。例えば、ホームページの内容をそのまま出版物にする場合でも許諾を要しないが、出典・引用を明記せず、自己の著作のように使うのは盗用にあたると説明すると理解し、取り下げた。

**考察**：盗用を著作権侵害と誤って理解する事例は多い。著作権法は、私的利用（第30条）、図書館での複製（第31条）など自由利用できる場合を定めており、第32条で「引用の目的上正当な範囲内で他人の著作物を引用して利用することができる」としており、適切な引用を行わなければ、盗用であると同時に同条違反となる。許諾なく著作物を使用できることが著者によって宣言されていても、適切な引用ではなく利用できることを意味しないし、著者が決めることはできない。著作物の利用に関するルールが中堅教員でも理解されていないことをよく示す事例である。

### 2-2 学会倫理規程の状況

　前節の事例は限られた事例であるが、学会における組織文化の一端を示すものである。研究倫理は、問題が起きて暗黙知としての文化が顕在化するので、当事者間でしか状況が把握されない。暗黙知としての研究倫理文化は、質問紙調査では把握できず、さりとてインタビューで当事者が語るとも思えない。倫理文化の実態を把握することは重要だが難しい。人文・社会科学の研究倫理状況の一端を把握するために、日本学術会議協力研究団体のうち、分野別に主なものと推定される学会の倫理規程を概観する（次頁の表参照）。資料は、『学術名鑑』（日本学術会議、日本学術協力財団、科学技術振興機構の連携によるデーターベース）から、各学会のHPにアクセスして入手した（2017年1月）。従って、HPに投稿規程類が掲載されていなくとも内部資料と扱われている可能性もないわけではなく（公表していないことも問題であるが）、「HP上になし」との記載にとどめた。

　すべての学会を包括したのではなく、自然科学関係学会との比較を行ったわけでもないが、人文・社会科学関係学会の研究倫理に関する傾向はうかがうことができる。田代（2013）は、人文・社会科学分野の学会において、日本心理学会（1991）を嚆矢とし、2000年代に各学会で倫理綱領の策定が進んだと指摘しており、医学や工学分野に限らず、文系学会が共有財産として、倫理綱領を制定していることを確認できる。倫理綱領の基本的な内容は、専門分野の研究と実務を通じて実現すべき価値・理念と学会員が守るべき規範を明確化し、責任ある研究活動を遂行する枠組みを提示している。

　ただし、これも分野によって違いがあり、心理学・文化人類学・教育学・社会学のように、個人を対象としたインタビュー、実験、調査を行う領域や会計など専門職倫理と関係ある分野で進展しており、法学・経済学・文学のように人間を直接対象としない領域では策定されていないように見える。日本考古学協会は、歴史学関係学会で倫理綱領を持つ少ない事例だが、前・中期旧石器・遺跡捏造事件（2000年11月）という

第 4 章　人文・社会科学分野における研究倫理の課題

**表　人文・社会科学関係学会における研究倫理綱領等の状況**

| 学 会 名 | 倫理綱領等 | 不正行為禁止 | 二重投稿（出版）の禁止 |
|---|---|---|---|
| 日本哲学会 | あり | 倫理規定に定め | 応募論文公募要領で定め |
| 日本近代文学会 | なし | 特に定め無し | 投稿規程になし |
| 日本社会学会 | あり* | 倫理綱領に定め | 投稿規程で定め |
| 日本刑法学会 | なし | HP上になし | HP上になし |
| 日本公法学会 | なし | HP上になし | HP上になし |
| 日本私法学会 | なし | HP上になし | HP上になし |
| 日本政治学会 | あり | 倫理綱領に定め | 投稿規程で定め |
| 社会政策学会 | あり | 倫理綱領に定め | 倫理綱領で定め |
| 日本地理学会 | なし | 特に定め無し | 投稿規程になし |
| 日本文化人類学会 | あり | 倫理綱領に定め | 寄稿規程で定め |
| 日本言語学会 | なし | 特に定め無し | 投稿規程で定め |
| 日本心理学会 | あり | 倫理綱領に定め | 執筆・投稿の手引きで定め |
| 日本経済学会 | なし | HP上になし | HP上になし |
| 日本経済政策学会 | なし | HP上になし | HP上になし |
| 経済学史学会 | なし | 特に定め無し | 投稿規程になし |
| 日本経営学会 | あり | 倫理綱領に定め | 投稿規程で定め |
| 日本教育学会 | あり | 倫理綱領に定め | 投稿規程で定め |
| 日本教育社会学会 | あり | 特に定め無し | 投稿規程でなし |
| 日本教育心理学会 | あり | 倫理綱領に定め | 投稿規程で定め |
| 史学会 | なし | 特に定め無し | 投稿規程で定め |
| 歴史学研究会 | なし | 特に定め無し | 投稿規程で定め |
| 日本史研究会 | なし | 特に定め無し | 投稿規程で定め |
| 日本考古学協会 | あり | 倫理綱領に定め | HP上になし |

＊　このほか詳細な「日本社会学会倫理綱領にもとづく研究指針」あり

衝撃的な事件を契機に、2006年5月に制定している。

　それでは、個人を直接対象としていない分野においては、研究不正さえ防止すれば十分で、倫理綱領の制定は不要であろうか。この点は、現代における学問のあるべき姿も視野に入れて論じる必要があり、「3.2」で詳しく述べる。

　研究不正として次第に認知されつつある「二重投稿（出版）」は、か

第 I 部　研究倫理の動向と発表倫理

なりの学会の投稿規程で禁止しているが、明確にしていない学会もある。もっとも、「二重投稿（出版）」の禁止は、形式知として明文化されなくとも共有されているものであり、規定のない学会では許容されているというものではない。

　しかし、「二重投稿（出版）」の難しさは、その定義にあり、明文化されても厳格に定義されているかどうか、検討の余地がある規定も多い。例えば、「日本哲学会応募論文公募要領（2015 年 12 月改訂）」[4] は、「かつて『不採用』と判定された応募者が、新たに論文を投稿し、この新規投稿論文が旧論文とほぼ同内容と判断された場合は、『二重投稿』とみなされて『不採用』となります」と定めているが、他学会誌への同時投稿は含まれておらず、二重投稿の一般的理解とも合致していないように思われる。また、「日本哲学会研究倫理規定」[5]（2007 年 3 月 3 日　日本哲学会委員会決定、2007 年 5 月 19 日　日本哲学会第 59 回総会）が、「第 3 条　会員は、研究成果の発表に際して、とりわけ、剽窃・盗用を行ってはならない」としているのも、偽造・捏造を除外しているようで、首をかしげる。

　極めて詳細なものとして、「日本社会学会投稿規定〔2014 年 9 月改正〕」[6] は、「本誌に発表する論文等は、いずれも他に未発表のものに限る。他で審査中あるいは掲載予定となっているものは二重投稿とみなし、本誌での発表を認めない」とした上で、「『未発表論文（社会学評論に投稿可能な論文）』の定義について」と題する文書で、「投稿規定において含意されている既発表論文には、雑誌論文（掲載予定・投稿中のものを含む）、単行図書・単行図書所収論文（出版予定のものを含む）だけでなく、科研費報告書（あるいは、それに準ずる報告書）・修士論文・博士論文・学会報告資料を含みます。したがって、これらの論文あるいはその一部を、そのまま投稿することはできません。ただし、既発表論文との関係については、発表のしかたによって、研究活動上の意味が異なりますので、編集委員会としては、そのことを考慮して、つぎのような取り扱いをします」と述べている。ある学会で二重投稿禁止規定を策定した筆者

の経験からは、この程度の厳格さが必要である。

## 3　人文・社会科学分野の研究倫理に関する研究動向

3-1　「社会科学特殊説」と「普遍的研究倫理」

　人文・社会科学に関する研究倫理は、他の分野と異なるという暗黙の前提がありながら、研究倫理に関する文献は少ない。国立国会図書館の蔵書目録では、研究倫理をキィ・ワードとする論文・図書は、1970年以降495件を数えるが（2017年1月2日検索）、そのほとんどは臨床研究や看護・医療系であり、人文・社会科学分野では、心理学分野を除けば10本に満たない。近年、人文・社会科学の研究倫理に関し、眞嶋俊造・奥田太郎・河野哲也（2015）[7]が出版された。人文・社会科学のための研究倫理シンポジウム[8]も開催されたが、人文・社会科学の研究倫理と自然科学との研究倫理に大きな違いはないという議論が支配的であった。

　研究不正の定義として把握される倫理違反が共通しているとしても、責任ある研究活動として求められる倫理が共通であるとは言えない。少ないながら、人文・社会科学分野の研究倫理の独自性をめぐっての論争がある。第74回日本社会学会シンポジウム（2001年）において、山口一男は、調査者と対象者との個人的信頼感の構築を重視する日本の社会調査倫理に疑義を提示し、アメリカでは、調査倫理違反になるとすら述べた（山口2003）。2012年の東北社会学会研究大会シンポジウムでは、田代志門が、山口の問題提起を手掛かりに、人を対象とする研究である限り、学問分野に関係なく研究倫理は同じ枠組みを有するとし、医療分野の倫理と同様に質的調査を判断するのは困難とする桜井（2003）の意見を、「社会科学特殊説」と批判した（田代2014）。また、田代の批判の対象となった長谷川は、日本社会学会での倫理綱領策定に参加した経験をふまえ、「社会科学特殊説」を批判する田代に賛意を示しつつ、医学研究には専門家と患者との非対称性が存在し、フィールド調査においては、この非対称性が倫理的に問題にならざるを得ないと指摘した（長

倫理はすべからく生成的性質を持つものであり、論争から学ぶべきは正否だけではない。この論争が示す第1は、社会科学が医療分野と異なる特殊な倫理を有するかどうかというより、人を対象とする研究を規律する日米の規範の相違であるといえる。すなわち、アメリカにおいては、人を対象とする研究は、研究者と調査対象者との利害関係を排除し、客観性を担保することがすべての分野に共通する原理として連邦政府規則によって定められ[9]、学習コースを履修しなければならない（山口 2003；563）。また、社会調査の方法に関するメタ分析も含め、山口の発言の背景には、政府・大学・学会・研究者を通じて形成されてきたアメリカ研究倫理の蓄積がある。

これに対して日本の研究倫理規範は、各省庁の定めたガイドライン・指針類によって、コンプライアンス戦略として展開してきたが、それらは、各省庁の所管する研究資金や省庁の所掌業務に関連する分野で細分化され、共通項がない。たとえば、文部科学省・厚生労働省「人を対象とする医学系研究に関する倫理指針」（2014年12月22日）は、人を対象とする医学系研究について、研究計画に求められる要件、倫理審査委員会、インフォームド・コンセント、個人情報の保護などについて詳細に定めており、心身の発達や精神障害などの研究が、人間の尊厳や人権への侵害をもたらさないように規制している。

しかし、教育学や心理学の分野で、子どもの発達や心理的トラブルを抱えた対象者に対する研究を行う場合の指針はなく、学界レベルの倫理綱領類は一般的理念的で、同じく人を対象とした研究でありながら、人権を守る枠組みが明確ではない[10]。大学など研究機関によっては、医学研究に倣って研究倫理審査委員会を置き、個人情報の匿名性確保やインフォームド・コンセントを求めている例もあるが、すべてではなく、倫理綱領類が具体性を欠くため、どのように機能するか疑問である[11]。

第2に、分野を横断する普遍的な倫理の意義を認めつつ、長谷川（2014）がフィールド調査におけるローカルな倫理、「当事者性の尊重」にこだ

わることの意味である。この点は、正村（2014：3）が短文ながら要点を突いている。正村は、分野を横断する普遍的な倫理とは、主体と客体の区別と、事実と価値の区別を前提に、価値を排除し、主体が客観的に事実を認識するためのものであり、「認識のための認識」を定立させるためのものであると指摘する。しかし、科学が技術と結びつき、価値・実践的な要素を含むようになると、科学技術の目的や役割・利用に関する新たな倫理が求められるようになったとされる。現在、我々が研究倫理を語る場合、それは、認識規範としての倫理（典型は、逸脱事例としてのFFPである）と、価値・実践的な倫理との双方を含んでいるのである。

人文・社会科学や医学は、もともと価値を排除した研究分野ではなく、人間のあるべき姿を探究し、人命と健康を保持するという価値を実現するためのものであり、実験や法則定立など近代科学の手法を取り入れ、「科学化」したものの[12]、認識規範としての倫理ともに価値・実践倫理が求められる。日本学術会議「科学者の行動規範―改訂版－」（2013年）には、この双方の倫理が含まれている。

従って、日本における人文・社会科学の倫理は、科学全般の普遍的な倫理を共有していくとともに、価値・実践倫理を追求するという二重の課題を背負っているのであり、認識規範としての倫理ですべて解決というものでもないことになる。

### 3-2　学問分野のボーダーレス化と倫理

現在の人文・社会科学分野の倫理が、他の分野と同様、過渡期にあることは明らかである。過渡期にあるということは、人文・社会科学分野の研究自体が変動しており、それに伴って倫理も変動しているということである。人文・社会科学は、個体としての人間、人間によって組織される社会、人間が生み出す文化という対象世界の三層の構造に関わるものだが、もともと、人文・社会科学が自然科学とは異なるという認識に根拠がないわけではない。なぜなら、現象の因果関係を明らかにして法

則化を目指す自然科学に対し、人文・社会科学は、因果関係の解明を目指すことが共通の存立基盤になっているわけではない。今日の研究不正の多くは生命科学や医学の分野で生じ、再現性の有無が争点だが、シニカルに言えば、人文・社会科学の中には、再現しようもないことに取り組んでいる領域もあるのである（もちろん、だから価値がないということではない）。人文・社会科学で「盗用」が多いのもこうした性格に由来すると思われる。

　しかし、この区分はボーダーレスであり、自然科学と人文・社会科学は相互に侵食し合うものである。考古学では、1950年代後半から放射性炭素年代測定が行われ、放射化学を踏まえた研究になっている。建築学は、工学と美術双方から成り立っている。また、人文・社会・自然の3区分でカテゴライズできない研究分野もすでに生まれて久しい。行動科学は、医療、教育、産業、福祉、障害を有する個人への諸サービス、さらには行政などにもその対象領域とするもので、心理学や精神医学も包括する。倫理綱領制定は1987年と人文・社会科学分野では際立って早い（日本行動分析学会HP[13]）。認知科学は、心理学、人工知能、言語学、脳神経科学、哲学、社会学を統合した学問であり（日本認知科学会HP[14]）、1970年代から発展し、経済学の一分野として確立した金融工学は、金融経済学、経営財務論、ファイナンス理論を土台に工学的アプローチを取る。

　一般的には、科学は細分化し、相互の関連が切り離されていく自立運動をするが、同時に相互に侵食しあい、ボーダーレスな部分も発生する。このことは、人文・社会科学の中に、医学などの分野で先行して発展してきた倫理が転移していくことを示す。「社会科学特殊説」は、すべてが解消されるとは言えないが、長期的には普遍的な倫理が浸透するプロセスにあるといってよいだろう。

第 4 章　人文・社会科学分野における研究倫理の課題

## 3-3　見落とされている人文・社会科学の研究倫理—学者の実践的責任—

　人を対象とする研究の倫理が、分野の壁を超えて普遍性を獲得していくとして、人文・社会科学の研究倫理はそれだけがイシューではない。あくもでも認識のための倫理に限定した話である。人文・社会科学者が、その専門的知見をもとに、メディアで発信したり、政府の政策決定に審議会の委員等で参加したりすることがよく見られるが、そこでの発言や行為は、学問研究の誠実性と利益相反関係を生じさせることの自覚に乏しいことがより深刻な倫理問題である。東日本大震災による原子力事故は、「原子力村」と揶揄されるような、政・官・産・学の癒着関係を顕在化させた。サリドマイド（1958）、スモン（1955）、コラルジル（1965）、ソリブジン（1993）、薬害エイズ（1983）など各種の薬害には、製薬会社と癒着した研究者集団、学会の構造があった（浜 1996）。それゆえに、この分野では認識のための倫理と共に、価値・実践倫理の確立が求められる。

　人文・社会科学の分野は別で特殊なのだろうか。人文・社会科学者も経済・社会福祉・労働・教育など様々な政策決定に、審議会を通してかかわっている。その言動が、学術的な根拠をもって誠実なものでなく、官庁の意向を忖度して追認し、自己の権力欲を誇示するためのものであったら、社会は大きな損失を被る。この点は、医学・薬学・工学と同様なはずだが、学者個人としての責任も甘い。

　例えば、1998 年の教育課程審議会答申を受けて、いわゆる「ゆとり教育」をめざし、学習時間を削減した指導要領が 2002 年から実施された。これに対しては、算数・数学・理科の時間削減を遺憾とする応用物理学会・日本応用数理学会・日本化学会・日本化学会化学教育協議会・日本数学会・日本数学教育学会・日本物理学会・日本物理教育学会（1999）の見解など批判が噴出し、2005 年、学習指導要領の再改訂が諮問された（この時は中央教育審議会の部会に統合）。では、この間に、1998 年教育課程審議会答申に関与した専門家の識見が問われたことがあっただ

ろうか。問われる必要のない識見なら、専門家として参加する必要もないだろう。しかし、現実には省庁のデータがないと議論できない現実がある[15]。

本来企業や官庁のデータがないから議論できないという専門家は存在しない。自説を展開できるだけのデータを持ち、主張できてこその専門家である[16]。アメリカ社会学会倫理綱領（American Sociological Association, 1997, Code of Ethics）[17]は、「一般原則」の最初に、「原則A　専門的能力」を掲げ、「社会学者は自己の仕事において、最も高い水準の能力を維持するように努め、自分の専門技術の限界を認識しなければならない」と述べている。研究者として現実に関わろうとすれば、努力し、自分と属する分野の到達点の限界を知らなければならない。政策決定には専門家の知見が欠かせないのが現代社会であり、世界各国での共通現象である。しかし、日本を見る限り、社会科学分野の研究者と政策・政治決定への参加との関係についての研究はほとんどなく、学会でもその倫理が問われる場面はほとんどない。社会科学はどのように政策に関わるべきか、同様に、政党や労働団体・運動体とどのような関係を持つべきか、人文・社会科学における研究倫理が問われなければならない。

【注】
1) これは日本に限った話ではない。Council of Graduate Schools（2008）は、統合的なRCR教育を進める上での課題として、「研究倫理は実験室での領域と見られることが多く、社会科学、人文学、専門職大学院の教員は問題を感じていない」（p.13）と指摘している。
2) 筆者は、科学研究費による「知識基盤社会におけるアカデミック・インテグリティ保証に関する国際比較研究」（基盤研究B、2011-2013）を行い、その成果を、東北大学高度教養教育・学生支援機構（2015）として出版した。また、2012年から東北大学の研究倫理関係業務に参加し、2014年からは研究倫理担当の総長特別補佐となり、2013年には、『科学の健全な発展のために－誠実な科学者の心得－』（丸善出版、2015年）の編集・執筆に参加し、現在は、公正研究推進協会（APRIN）の理事も務めている。本章は、これらの活動のほか、所属学会

第 4 章　人文・社会科学分野における研究倫理の課題

　　での紀要編集委員長などの経験に基づくものである。
3）「文部科学省の予算の配分又は措置により行われる研究活動において特定不正行為が認定された事案（一覧）」（http://www.mext.go.jp/ amenu/jinzai/fusei/1360839.htm. 2017.1.8 アクセス）
4）http://philosophy-pan.org/bulletin/%e5%bf%9c%e5%8b%9f%e8%ab% 96%e6%96%87%e5%85%ac%e5%8b%9f%e8%a6%81%e9%a0%98/（2017.1.8 アクセス）．
5）http://philosophy-japan.org/ja/356/（2017.1.8 アクセス）．
6）http://www.gakkai.ne.jp/jss/bulletin/index2.php（2017.1.8 アクセス）．
7）同書は、応用倫理学、哲学、科学哲学、文化人類学、社会学、心理学、政治学、経済学、新聞学、法学の研究者によって共同執筆され、研究者を目指す学生、研究者及び研究支援職を対象にしたテキストを意図している。人文・社会学研究を包括するものとして注目できるが、研究費不正使用を研究不正に加えるべきかなどいくつかの課題もある。
8）「人文・社会科学のための研究倫理シンポジウム　研究公正と研究倫理を問い直す―理念・制度・教育―」（2015 年 10 月 10 日）。
9）Code of Federal Regulations 45 CFR 46（Title 45 Public welfare Department of Health and Human Service, part 46 Protection of Human Subject）は 14 ページにもおよぶ膨大・詳細なものである。
10）たとえば、学生相談業務の場合には、日本学生相談学会は「学生相談ガイドライン」（2013 年 3 月）を制定しているが、学生相談を行う上での諸原則であり、研究は含まれていない。「日本心理臨床学会倫理綱領」（2016 年 3 月 27 日改正）、「日本教育心理学会倫理綱領」（2000 年 6 月 18 日施行）は、人権の尊重やインフォームド・コンセントについて定めるが、抽象的で個々の研究者の裁量が大きい。「日本心理臨床学会倫理綱領」第 5 条 第 2 項は「会員は、その研究が臨床業務の遂行に支障を来さないように留意し、対象者又は関係者に可能な限りその目的を告げて、同意を得た上で行わなければならない」と定めているが、「人を対象とする医学系研究に関する倫理指針」が、インフォームド・コンセントを「当該研究の目的及び意義並びに方法、研究対象者に生じる負担、予測される結果（リスク及び利益を含む。）等について十分な説明を受け、それらを理解した上で自由意思に基づいて研究者等又は既存試料・情報の提供を行う者に対し与える、当該研究（試料・情報の取扱いを含む。）を実施又は継続されることに関する同意をいう」（第 2　用語の定義（16））と述べているのに比べると、目的だけを（筆者注：リスクは述べなくともよい！）関係者に（筆者注：関係者が定義されていない）可能な限り（筆者注：何が可能なのか？研究者の力量か？時間か？）説明すればよいことになっている。
11）具体性を欠くということは、研究にも支障が出るということでもある。一例として、ある大学附属学校が、子どもを対象にした研究を長期にわたって行い、古い時期には同意を取っていなかったため、同意を取ってこなかったデータを使えるかどうかという問題が生じたことがある。心理学会関係の倫理規程では、

第Ⅰ部　研究倫理の動向と発表倫理

　　　同意を得ること及び代諾者について定めるのみで、こうしたケースは想定していない。卒業後数十年経った子どもの所在を調べて同意を取ることは不可能であり、倫理規程を遵守すれば過去のデータは使えず、研究できないことになる。しかし、アメリカ心理学会の基準（American Psychological Association. Ethical Principles of Psychologists and Code of Conduct, Jan.1. 2010）は、介入研究ではなく、対象者に苦痛や害をひき起こさず, 通常の教育実践に関して行われる研究の場合は、同意なくとも実施可能としており、個人情報にさえ留意すれば、同意は必要ではないとしている。以下に訳文を掲げる。
　　　「8.05 研究のためのインフォームド・コンセントの免除　サイコロジストは次の場合に限ってインフォームド・コンセントを省いても構わない。
　　　(1) 合理的に考えて、その研究が苦痛や害を引き起こしそうになく　a）通常の教育実践、カリキュラム又は学級経営法に関して教育環境で実施される研究である場合、b）その研究が無記名の質問紙法、自然的観察又は既有データ利用による調査でしかなく、反応を開示しても研究参加者本人又は刑事民事上の責任を問うことになったり、本人の財政状態、被雇用能力又は評判を傷つけたりする恐れがなく、守秘義務が維持される場合」
　　　日本でも、「人を対象とする医学系研究に関する倫理指針」では、侵襲・介入を行わず、人体から試料を取得しない場合、同意を受けることを要せず、対象者が拒否できる機会（選択的離脱）を保障すればよいとしている。この適用の方が妥当かも知れない。なお、アメリカの倫理基準の翻訳として Nagy（2005=2007）があり、参考になる。
12)　経済学が物理学の影響を受け、「科学」の体裁をとってきたことについては、荒川（1999）参照。
13)　http://www.j-aba.jp/aboutus/index.html.（2017.1.8 アクセス）.
14)　http://www.jcss.gr.jp.（2017.1.8 アクセス）.
15)　ある学会の大会で文科省の関係者も参加した大学入試制度改革をめぐるシンポジウムがあった。フロアから、現在の大学入試が考える力を測定しないという結論は、どのようなエビデンスに基づいているのか、という質問があった際、ある学会員が続けて、なぜ文科省は審議会にデータを出さなかったのかと質問した。これに対し、審議会に呼ばれた大学入試関係の専門家は、そうしたデータは提出したが、審議の場には出なかったのだろうと補足し、出席した文科省の関係者は、審議会の場で出たデータの範囲で議論し、審議会の委員である専門家も議論して結論に至ったのだと簡略に説明した。簡単にいえば、官庁のデータ以外にデータを持たない「専門家」で審議会は構成されていたのである。審議会委員の事例性が疑われる場面であった。
16)　例えば、神戸大学教授石橋克彦氏は、地震学の専門家であり、原子力安全委員会耐震指針検討分科会委員として原発の耐震設計審査基準の改訂に参加したが改訂案を不満とし、辞任した。審査基準では、東日本大震災による原子炉事故を防げなかった。専門家の見識とはこういう形でも現れる。

17) http://www.asanet.org/sites/default/files/code_of_ethics.pdf.（2017.1.9 アクセス）.

## 【参考文献】

荒川章義（1999）．『思想史のなかの近代経済学―その思想的・形式的基盤』中央公論社．

Council of Graduate Schools（2008）．*Best Practices in Graduate Education for the Responsible Conduct of Research.*

浜　六郎（1996）．『薬害はなぜなくならないか　薬の安全のために』日本評論社．

長谷川公一，2010，「社会調査と倫理――日本社会学会の対応と今後の課題」『先端社会研究』6．

長谷川公一（2014）．「研究倫理のローカル性と普遍性」『社会学研究』93（東北社会学研究会）．

眞嶋俊造・奥田太郎・河野哲也（2015）．『人文・社会科学のための研究倫理ガイドブック』慶應義塾大学出版会．

松澤孝明（2013）．「わが国における研究不正公開情報に基づくマクロ分析（1）」『情報管理』56-3．

正村俊之（2014）．「巻頭言　古くて新しいテーマ」『社会学研究』93．

Grieneisen, L. Michael & Minghua Zhang（2012）．"A Comprehensive Survey of Retracted Articles from the Scholarly Literature" *PLoS ONE* 7（10）．（http://journals.plos.org/plosone/article?id=10.1371/journal.pone.0044118. アクセス 2017.1.3）

Nagy, F. Thomas（2005）．*Ethics in Plain English : An Illustrative Casebook for Psychologists*（2nd），American Psychological Association．（＝2007．『APA倫理基準による心理と倫理関係事例集』創元社）

応用物理学会ほか（1999）．「新教育課程に対する数学・物理・化学系諸学会の見解」．

桜井　厚（2003）．「社会調査の困難－問題の所在をめぐって」『社会学評論』53（4）．

田代志門（2014）．「社会調査の『利益』とは何か―山口一男の問題提起をめぐって―」『社会学研究』93（東北社会学研究会）．

東北大学高度教養教育・学生支援機構（2015）．『研究倫理の確立を目指して：国際動向と日本の課題（高等教育ライブラリ9）』東北大学出版会．

山口一男（2003）．「米国より見た社会調査の困難」『社会学評論』53（4）．

# 第 II 部

# 言語教育から見た盗用問題

# 第5章　大学で必要とされる読みとは何か

石井　怜子（麗澤大学）

## 1.　はじめに

　レポートや論文を書くということは、いくつかの文献を読み、それを主張を支える根拠としたりあるいは批判の対象として取り上げたりするために、適切に引用しながら議論を構成する営みである。学生は、剽窃や盗用以前の問題として、まずは自身で文献を選択し、正確に文献の内容を理解しなければならない。だが、高校を卒業して大学に入学してきた時点で、読解に問題を抱える学生がおり（要、2012）、それは必ずしも一部の学生に限らないようである。

　しばしば指摘されることの一つは、文献を読むには専門用語を含めてその領域の専門知識が必要だが、入学したばかりの学生はこうした知識を欠いているということである（犬塚、2010）。更に、大学で読む対象は初心者向けの概説書から学術論文までさまざまであるが、学生は必ずしも高等教育や専門領域の「習熟度」に応じたものを読むわけではない（藤木他、2013）。これは、習熟度に応じたものを「読んで」きた初等・中等教育とは大きく異なっている点である。

　現在、アカデミック・スキル教授のための書籍が数多く出版され、その多くが「読み」を取り上げている（例えば天野ほか、2008；世界思想社編集部、2015）。その場合、高等教育で学術論文や専門書を読むには、中等教育までとは異なった「読解力」が必要だという認識があると思われ、西垣（2005）はそれを高水準リテラシーの一つとしている。それでは、中等教育までの「読解」と高等教育での「読解」はどのように違うのか。今までそれは十分に論議されていないように思われる。これに答えることが、アカデミック・スキルの一つとしての「読解」を明らかに

し、ひいては、適切な引用をするための言語教育の一端を解明することになるであろう。なぜなら、適切な引用ができるかどうかは単に技術的な問題ではなく、文献の正確な理解の上に成り立つものだからである。

　以上の観点に立って、本章では初めに、現在の認知心理学の知見に基づいて読解プロセスについて概説する。次に、初等・中等教育での国語教育について、難波（2010；2014）の考察を紹介しつつ、読解における初等・中等教育と高等教育の連続／非連続を考え、大学で求められる読解力について私見を述べる。最後に、適切に引用しつつレポートなどを作成するための実践的な読みに向けて、大学における読解力向上のための具体的な方略と訓練のいくつかを提案したい。

## 2.　読んでいるとき私たちは何をしているか

### 2.1　読解から見た「自分の言葉で説明する」こととは

　間接引用での言い換えや要約では、「自分の言葉で説明する」べきだとされる。原文の表現をそのまま用いる直接引用に対して、間接引用では、単に表現の一部を他の表現で置き換えるということではなく、「自分がどう理解したのかを示すために」言い換える必要があるとされる（吉村、2013、p. 81）。認知心理学の見解に立てば、それは、「文章を読んで自身が構築した文章の心的表象に基づいて説明すること」と定義できる。

　読解を扱う認知心理学では、心的な処理を経て心内に形成され、心的な操作が可能なものを表象（representation）という（阿部、1995）。読解もまた心的な処理であり、処理の結果、心内に読んだ対象についての心的表象を構築する。その心的表象とは、連ねられた文から取り出された意味内容であり、個々の言語表現の形式そのものは通常残っていない。例えば私たちは、ネットで読んだ記事を友人などに話すであろう。その際私たちは、元の言語形式から離れて、記事から形成された心的表象に基づいて話している。それが「自分の言葉で説明する」ということである。

　しかし、必ずしも記事の内容を正確かつ忠実に反映した表象が形成さ

れているとは限らない。自分が興味を持った部分だけの場合もあるだろうし、いくつかの部分が欠けていたり誤解されていたりする場合もあるだろう。その場合も「自分の言葉で説明」していることには違いない。したがって、大学という社会においては、「読むこと」がどのような役割を持ち、どのような表象を形成することが必要なのか、そのためにはどのように読んだらいいのかが問われなければならない。

## 2.2 読解の目標とプロセス
### 2.2.1 読解の目標

現在、読解のゴールは文章についての結束的な心的表象（coherent text representation）を構築することであると考えられている（Garrod & Sanford, 1994）。なぜなら、文章とは複数の文が相互に意味的な関連を持って全体としてまとまっているものだからである（阿部ほか、1994）。この節では、特に説明文に関して、文章の結束的な表象構築に必要とされる処理の概要を説明する。なお、ここでの「説明文」とは「物語文」に対応するもので、議論文や意見文を含めたものである。

### 2.2.2 結束的な心的表象の構築プロセス

読解の認知処理には、言語処理（下位処理）と文章処理（上位処理）とがある。言語処理とは、文字の認知から始まり、単語の意味を心内の辞書に照らして確定し、統語の解析を行うなどの処理で、これによって1文あるいは節の意味を得る。意味は言語形式から離れたものであり、1つの述語と格役割を表す項とからなる命題の形式で表される（阿部、1995）。

更に、読み手は命題相互を関連付けて、まとまった表象、即ち結束的な表象を得ようとする。それに関わる処理を文章処理と言う。このようなまとまりを作るものには、大きく分けて、結束構造（cohesion）と結束性（coherence）がある（de Beaugrand & Dressler, 1981）[1]。結束構造とは、文法的な依存に基づいて成り立つものであり、結束性とは、文章をまとまりのあるものにする、部分間相互の関係性によって成り立つものであ

る(同書)。

　結束構造の代表的なものは照応であり、例えば、前方照応の指示詞であれば、読み手は文章の先行部に指示詞が指すものを探索して、同定する。同定された先行部は指示詞の部分に持ち込まれ、2文が関係付けられる。

　このような、文章理解のために、文章中に明示的に表現されていない情報を抽出する過程を推論(inference)と呼び、読み手はそれを補って理解する(邑本、1999)。結束構造の理解も推論であり、母語話者では読む過程で(オンラインで)行われていると考えられている。しかし、先行部が遠く離れていたり語句より大きい単位であったりする場合などは必ずしも簡単ではない。

　次に結束性について見てみよう。人は複数の文があるとき、文間に何らかの意味的なつながりがあることを前提として読む(Harberlandt, 1982)。このような意味的なつながりは論理関係(logical relation)と呼ばれ[2]、因果、付加、反意、比較対照、列挙、時間関係などが挙げられるが、因果関係が最も重要だということは、多くの研究者でほぼ一致している(Sanders et al., 1992)。読み手は、命題間、そして複数の命題をより上位の概念でまとめた大きな命題間を論理関係で連結して、結束的な表象を構築していく。そのために必要な処理を以下に見ていく。

### 2.2.3　結束性構築に必要な処理

(1)　接続語による連結

　接続語は論理関係を明示するものである。したがって、接続語があれば、それが示す論理関係によって連結すればよい。

　文章例1(表1)では、第1文「情報処理には資源が必要だ」と第3文「(情報処理に必要な)資源には限りがある」を原因として、第4文「難しい情報処理を2つ同時にやろうとしても、両方ともうまくこなすことはできない」という結果を述べており、＜第1文＋第3文＞と＜第4文＞は因果関係で連結される。第4文冒頭の接続語、「そのため」がそれを明示しているので、そこに注目すればよい。

**表1　文章例1**

> 第1文 資源理論では、情報処理には資源が必要だと考える。第2文 「資源」というのは、いわばエネルギーのようなものだと考えておけばよいだろう。第3文 ところが、その資源には限りがある。第4文 そのため、難しい情報処理を2つ同時にやろうとしても、両方ともうまくこなすことはできない。

(2)　論理関係推論の生成

接続語がないときは、どうするか。

文章例2（表2）では、① は助詞相当句「～にあって」による連用修飾句を含み、① から ② は連用中止でつながるのみで、論理関係は明示されていない。読み手は、今我々が生きている社会は変化が激しい（連用修飾句部分）、だから知識が陳腐化するのが早い、だから学校時代の知識を後生大事に守っていればいいわけではない、という因果関係にあると読み取る必要がある。最後の ③ は ② の言い換えである。読み手は、1文中のこれらの要素を分けて特定して、その要素間の論理関係を内容から推論して結び付ける。

このような論理関係の推論は、結束的な表象の構築には必須のもので、連結推論（text-connecting inference）などとも呼ばれる（Graesser et al., 1994）が、本稿では論理関係推論と呼ぶ[3]。短い文章で単純な論理関係であれば、通常は論理関係推論をオンラインで生成していると考えられている（Keenan et al., 1984）。

しかし、推論が難しい場合もある。文章例3（表3）は、連体修飾節によって因果関係が示されている例である。この例では、名詞「日本型雇用システム」を修飾している部分の「長期雇用慣行の中でスキルのない若者を採用して職場で教育訓練を行い、年功的処遇をしていく」が原因で、「若者にスキルがないことは採用の障害では」ないことがその結

**表2　文章例2**

> ① 今日の変化の激しい社会にあって、いわゆる知識の陳腐化が早まり、② 学校時代に獲得した知識を大事に保持していれば済むということはもはや許されず、③ 不断にリフレッシュすることが求められるようになっている。　　　　　　　　　　　　　　（数字は筆者による）

表 3　文章例 3

> <u>長期雇用慣行の中でスキルのない若者を採用して職場で教育訓練を行い、年功的処遇をしていく日本型雇用システム</u>では、<u>若者</u>にスキルがないことは採用の障害ではなく、年功的処遇がもたらす中高年の人件費の高さが問題であり、そこに問題が集中しました。
>
> （下線は筆者による）

果であるという論理関係になっている。読み手によっては、文からこうしたアイデアを分けて抽出すること自体が難しい。

　以上を要約すると、「文章の内容を正確に反映した結束的な表象を構築する」ためには、表象の構成部分たる 1 文、1 節ごとに正確な意味内容を引き出せること、そしてその構成部分同士を論理関係によって連結できることが必要である。これは説明文理解一般に言えることであるが、中等教育までと高等教育とではこのプロセスに異なる点があるのかどうかを次に検討したい。

## 3. 高等教育で求められる読み

### 3.1　中等教育と高等教育で読む文章の共通点と相違点―難波博孝による説明文の分類を援用して

　初等・中等国語科教育における説明文の扱いについて、難波博孝が興味深い見解を示しており、まずそれを紹介する。その理由は、第 1 に、難波（2010；2014）が初等・中等教育の国語科の教育において「論理を読む／論理で読む」ことの重要性を繰り返し指摘してきており、この「論理を読む」ことが、まさに結束性をどのように構築するかということだと考えるからである。第 2 に、難波は、「論理を読む」読み方が文章のジャンルによって異なると指摘しており、大学で読むべき文章のジャンルとその読み方が示唆されるからである。

　難波（2014）は、形式論理と日常の論理の区別の上に立って、文章の論理は日常の論理（非形式論理）であり、更に文章の論理を因果関係に限定するという立場をとる。そして、文章を貫く論理には、文章のタイプによって議論（論証）の論理・説明の論理・感化の論理の 3 種があり、

それぞれ書き手と読み手の関係とそこで必要とされる知識が異なるとしている。

「議論（論証）の論理」とは、学術論文などがその例で、書き手、読み手ともにその領域の専門家であり、その領域に固有な知識を前提として、何らかの根拠をもとに出された結論の正しさを立証しようとするものである。

「説明の論理」とは、書き手であるその領域の専門家が一般大衆に向けて説明するときの論理で、領域固有の知識と領域にかかわらない知識の両方を前提として、原因や理由、その意味付けなどを述べるものである。単なる事実の羅列ではなく、因果関係によって説明されている。しかし、書き手が読み手に対してその内容の正しさを立証するものではない。

「感化の論理」とは、いわゆる評論文（の一部）などに典型的に見られるもので、「筆者の意見が書かれていて、…（略）…その意見を厳密に論証しようとはしていない」論理で（p.58）、主張が明確ではなく、文章の形式も論証形式になっていない。書き手は専門家とは限らず、領域固有の知識もあるかもしれないが、主に共通の知識を前提とし、読み手の経験などに訴える。難波（2014）は、高校国語の評論文教材や大学入試問題の評論文の多くがこれに該当すると述べている。

難波（2014）は、この3つについて、それぞれ出発点となる知識（表中では、トポス＝通念（p.49））、書き手と読み手の関係、及び代表的な文章のタイプを表にまとめており、表4にそれを示す。

難波（2014）によれば「説明の論理」の文章では、文章中の論理関係（原因―結果や、根拠―主張）、及び原因や根拠の元である事実を把握して文章の論理を読むことが基本である。「論証の論理」の文章については、あまり詳しく述べられていないが、例えばある現象についての仮説、その検証過程、検証結果、仮説についての考察という論理的な関係を把握することが示唆されている（p.59）。

この分類を援用して、大学で読まなければならない文章の概説書、専

第 II 部　言語教育から見た盗用問題

**表 4　難波による初等・中等教育国語科説明文の分類（難波 2014：59）**

| 日常の論理の種類 | 出発点 | 送り手 | 受け手 | 文章の例 |
|---|---|---|---|---|
| 論証の論理 | 固有のトポス | 専門家 | 専門家 | 学術論文 |
| 説明の論理 | 固有のトポス<br>共通のトポス | 専門家 | 大衆 | 小・中の説明文教材 |
| 感化の論理 | 共通のトポス<br>固有のトポス | 大衆（多くの場合非専門家的な知識人） | 大衆 | 中高の評論文教材 |

門書、学術論文について考える。

　概説書は多くの場合、その分野での定説となっていること、共通の理解となっていること、つまり既に結論が出ていることが中心に書かれていると考えられる。

　専門書になると、すでに結論が出ていることでより専門的な内容が書かれている場合もあれば、現在争点となっている問題についていくつかの見解を紹介しつつ書かれている場合、そして論点を巡って著者の取る立場や見解が先行研究を踏まえて書かれている場合もあるだろう。

　これに対して学術論文は、その時点でまだ結論が出ていない問題・論点を取り上げ、根拠を示して論証し、結論を導く。

　先に表4で示した難波の表に照らすと、大学で読む概説書、専門書、学術論文それぞれの論理の種類、書き手と読み手の関係は表5のように整理できる。

　それでは、これらを読むための読解力は中等教育までで養われている

**表 5　大学で読む文章の論理の種類による分類**

| 大学で読む文章 | 日常の論理の種類 | 書き手 | 読み手 | 前提となる知識 |
|---|---|---|---|---|
| 概説書 | 説明の論理 | 専門家（専門領域の熟達者） | 専門領域の初心者 | 共通の知識 |
| 専門書 | 説明の論理<br>一部に論証の論理 | 専門家（専門領域の熟達者） | 発達途上者<br>専門領域の初心者<br>（熟達者） | 領域固有の知識 |
| 学術論文 | 論証の論理 | 専門家（専門領域の熟達者） | 熟達者<br>発達途上者<br>専門領域の初心者 | 領域固有の知識 |

だろうか。難波（2014）は、「説明の論理」で書かれた説明文は、国語科では小学校、中学校で扱われることが多く、大学に直接つながる高校では主に「感化の論理」の評論文を多く読んできていて、「論証の論理」の文章はほとんど読んでいないと指摘している。もしそうであるならば、大学に入学した時点では、概説書を読むための「説明の論理」を読む訓練を必ずしも十分に受けておらず、「論証の論理」を読む訓練は受けていないと考えられる。つまり、大学入学者に対して、この2つのトレーニングが必要だということである。次の小節以降では、説明文である概説書を読むうえでの難しさと、中等教育までの説明文の読みと高等教育でのそれとの違い、更に、論証の論理の学術論文の読みについて、前節で述べた読解のプロセスと関連させながら考える。

### 3.2 大学における説明文理解とその問題
#### 3.2.1 命題表象＝文・節の理解の問題

**専門語につまずく**　大学での読みでは専門用語が多く、それが理解を妨げることが指摘されている。つまり、1文から命題として意味を引き出しても、その命題の項に未知のものが含まれているということである。

文章例4（表6）は、初学者を意識して書かれていると考えられる書籍の、ある章の最初に置かれたリード部分冒頭である。

第2文は第1文にある「語用論的処理」の説明をしており、「語用論的処理は、Xである」という、極めて単純な文構造をしているが、Xに当たる部分で、初心者は、ことばの運用、文脈、談話等々につまずく可能性がある。その場合、文の解析は成功しても、意味を引き出したとは言えない。これらの未知の語の定義を調べたり推測したりして理解しようとすると、大きな認知的な負荷がかかる。かと言って、それをおざな

**表6　文章例4**

| 第1文 言語理解には、…に加えて、語用論的処理がある。 第2文 語用論的処理はことばの運用にかかわる重要な観点で、ことばを文脈や談話の中でとらえ、意図を理解する処理である。 |
|---|

（傍点は筆者による）

りにすれば、命題表象を形成したと言っても意味を引き出したことにはならず、読み手にとっては「記号」としての言葉を丸暗記するしかなくなる（山鳥、2002, pp. 51-59）。専門家たる書き手が言葉に概念を持たせて送っても、専門領域の初心者である受け手側にはその概念がない。

ただし、このような認知的な負荷がかかるプロセスも、専門知識の蓄積に伴って次第に負荷は軽くなっていく。つまり、解決されていく可能性は大きい。しかし、それまでの間はどのようにこれを解決すればいいのかを考える必要があるだろう。

**内容に実感が持てない**　一方、学術的な文章では、語は決して難しくなくても、表されている内容が自分の経験の枠内で理解できないことがある。文章例5（表7）は、機械の定義を述べたものである。

1つ目の条件の文は、文の構造も語の意味も特に難しいものはない。しかし、工学の初心者の中には、「よく分からない」と感じる読み手もいるかもしれない。その場合、人はどのようなことを試みるであろうか。例えば、「『抵抗力』というのは何だろうか。風邪に対する抵抗力というのは、風邪のウィルスに負けてしまうかどうかということだ。『予想される外力』というのは何だろうか。その機械が使われる時などに外から加わる力ということだろうか。そうだとすると、『その力に負けない物体』ということだろうか」というように、自分の経験の中で分かるように言い換えるというのが一つの方法である[4]。山鳥（2002）は、「太陽—地球間の距離は1億5000万キロメートル」という例を引きながら、それは平明な事実でありながらその距離が実感できないと述べ、「わかる」ために「光速で進んでさえも約8分20秒かかる」のように「自分が操作出来る手持ちの心像に置き換え」るやり方を、「置き換え」による理解と呼んでいる（pp. 166-167）。この「心像」は「心的表象」であり、「自

**表7　文章例5**

| 工学上は、次のような3つの条件を満たすものを機械と呼んでいます。<br>1　予想される外力が加わっても抵抗力をもつ物体でつくられている<br>2　これらの物体は…（略）… |
|---|

分の言葉、自分の思考単位に置き換えること」(p.167) でわかるのである。そうでなければ、読み手は、太陽—地球間の距離を丸暗記することはできても、他者にどのぐらい遠いのかを説明することができない。命題表象をこのようにして自分の思考単位に置き換えて解釈することが、自分の経験、既有知識や五感の範囲を超えた説明文の理解では時として不可欠のものである。

このような置き換えをした表象とそうでない表象とでは、当然質が異なる。文章の構成部分の命題表象の質は、全体の表象の質に影響する。概説書や入門書であっても、初学者にとって書かれている内容が抽象的で実感できないことがある。その時に、構成部分の命題表象を自分で理解できるものにすることが必要となる。

3.2.2 論理関係推論の問題

次に、構成部分間の論理関係による連結について考えよう。

文章例6（表8）は、「① 低気圧の中心では空気がぶつかる」、<u>だから</u>「② 空気は行き先を求めて上昇する」、「③ 地表から上昇する空気は湿気を含んでいる」そして「その空気は上空で冷やされる」、<u>だから</u>「④ 含まれている水蒸気は雲粒になる」と、低気圧によって天気が悪くなる仕組みを、因果関係で説明している。ここまでは、文間の論理関係を推論することで連結することができる。問題の一つは、③ と ④ をつなぐ、2つめの「だから」の部分である。なぜ冷やされると水蒸気は雲粒になるのだろうか。この「だから」には、因果関係で連結するには論理的に飛躍があるように思われる。ここでは、「温度が下がると相対的に湿度

**表8 文章例6**

一般的に「高気圧は晴れ」「低気圧なら天気は悪い」といわれます。なぜそうなるのでしょうか。
　（…略…）
　気圧に差があると、水が流れるように、高いところから低いところへ空気が動き、風が吹きはじめます。① 高気圧から空気が流れ込んだ低気圧の中心では空気はぶつかり、② 行き先を求めて上昇しはじめます。そうなると ③ 地表近くの湿気を含んだ空気が上空へと運ばれて冷やされ、④ 水蒸気は雲粒になり、雲ができます。これが ⑤ 低気圧によって天気が悪くなる理由です。
（番号は筆者による）

が上がり、やがて露点に達する（すると水蒸気は水滴あるいは氷粒になる）」という、恐らくは中学で学んだ知識を補う必要がある。このような知識で補わなくても、論理関係推論は可能である。しかし、こうした知識でより精緻に連結された表象は、そうでない表象とは明らかに異なる。このような既有知識によって精緻化された表象は状況モデルと呼ばれ、より深い理解となる（Kintsch, 1986 ; Coté et al., 1998）。

中等教育での説明文理解を論じた難波（2010）では、説明文の文章に明示的に書かれた内容についての因果の論理を読むことが目指されており、文章に現れていない知識を補うことには言及されていない。このような、因果関係が成立するために欠けた命題を補うのをどこまで追求するかは、恐らく相対的なものである（この例で言えば、「なぜ空気が上昇すると温度が下がるのか」も必要ともいえる）。

田島・茂呂（2003）は、「抽象的な意味での理想的な理解などというものは存在しない」（p. 88）のであって、それぞれの共同体において何が必要な「理解」なのかが規定されると述べ、そのような理解を「了解」としている。そして、「了解」を超えるきっかけは、異なった共同体に向かって説明を行うときに生じるとしている。

大学というところは、中等教育までとは異なる社会である。吉村（2013）は、引用に関連して、大学生に「研究社会という新しい社会における価値観や振舞い方」（p. 58）などを教える必要を強調しており、それは文献読解においても同様であろう。大学では、高校までとは違った、どのような読みの「理解」が必要とされるのか、そのためには文献をどのように読む必要があるのかを、きちんと学生に伝えるべきである。Geisler（1994）は、中等教育での読みの対象たる教科書が知識の権威として機能すると述べており、中等教育までは教科書に書かれたことをいわば絶対的な知識として受け入れてきている。これに対して、恐らく大学では、説明文においてもその内容が本当に正しいのか、本当にそう言えるのかを繰り返し問う読み方が必要なのであり、それが次に述べる議論文での読み方に通底するものではあるまいか。

### 3.3 大学における議論文理解とその問題

学術論文は、未解決の論題について根拠から論理的に結論を導いて著者の見解を示すものである。したがって、学術論文読解では、「根拠—結論」の関係を正確に把握し、そのうえで、それを批判的に検討することが必要である。以下本稿では、根拠と結論（主張）からなり、根拠から結論を論理的に導く構造を持つものを議論と呼び（大内、2001）、根拠から結論を導くことを論証と言う（大内、2001；福澤、2012）。そして、議論が中心となっている文章を議論文と呼ぶことにする。

#### 3.3.1 議論の構造とその確定

議論文の理解では、まず何が問題とされているのか（論点）を把握すること、そして根拠と結論に当たる部分それぞれを確定し、論証として関係づけることが必要である。

学術論文では、全体の論点は研究の目的あるいは研究課題として示され、実証研究であれば、実験あるいは調査の結果を根拠として結論が導かれる。学術論文は文章の構成が明確で、この構成を踏まえれば、論点、根拠、結論を読み取ることができる。しかし現実には、それを正確に把握することは難しい。なぜなら、例えば研究課題は、根拠をもってその必要性が示されなければならないし、研究方法の妥当性もしかりというように、いわば議論が二重、三重の構造になっているからである。更に、どれも一つの根拠だけを基にするような単純な構造になっていることはまず皆無だからである。

中等教育までの教材に議論文がほとんどないという難波（2014）の指摘を裏付けるように、たとえ論証構造が複雑でなくても、根拠と結論の確定は成人にとっても難しいことが指摘されている（大河内、2001；小林、2009）。大学2年生を対象にして、英語の早期教育の是非についての意見文を用いてそれを調べた小林（2007）では、結論と根拠を分けて特定することは、大学生にとって決して易しくはないことが示されている。まず、議論文の読み方から学ばねばならない。

実際の文章では、根拠そのものが著者の「主張」のように見えること

もある。主張（結論）なのか根拠なのかは、一方が他方を支える論証をなしていることで決まるのだということから学ぶ必要がある（福澤、2012）。その場合、接続語が重要なマーカーとなる。同時に、内容を丹念に読み、構成部分どうしの論理関係を特定する。筆者の授業経験では、接続語と内容の両方に注意を向けることは、議論文をそのような観点で読むのは初めての大学1年生にとって決して容易なことではない。まして、根拠が複数でお互いに構造的に関連したものであるとき[6]、その構造を解きほぐして関連付けるには、訓練を必要とする。

### 3.3.2 議論文を批判的に読む

議論文の理解は、根拠と結論を特定して論証の関係を把握するだけにはとどまらず、その評価が必要である。議論文の理解は本質的に論証の評価を伴い、評価は引用する際に欠かせない。

論証の評価は、根拠の信頼性と根拠から結論を導く論証の妥当性の評価から成る（福澤、2012）。根拠の信頼性とは、主として根拠が事実として正しいのか、ということであり、論証の妥当性とは、根拠から結論を導く確からしさ、論理性である。その根拠は本当に認められるのか、その根拠からその結論は言えるのか、を吟味する読み方が必要である。大学に入学してきた時点では、批判とは結論に反対することだと考えていることが多い。議論文を批判的に読むとは、根拠と切り離された結論を批判することではなく、このような論証の評価であることを、きちんと教えるべきであろう。

## 4. 読解教育への提案

以上、大学で必要とされる読解力は、高校までに養成されてきた読解力の延長ではなく、アカデミック・スキルの一つとして位置づけ、そのために一定の教育が必要であることを述べてきた。実際に教育へのさまざまな提言や試みがなされているが、肝要なことは、説明文の読み方、議論文の読み方はどちらも論理関係、とりわけ因果関係を正確に捉えるということである。文章の内容をそのまま受け入れて丸暗記するという

第5章　大学で必要とされる読みとは何か

読み方ではなく、説明文では原因や意味付けがどのように述べられているのか、議論文では何を根拠にしてどういう結論を出しているのかを正確に追い、そして本当にそう言えるのか、論理関係を構築するのに欠けた部分はないか、論理的な破たんはないのかを検討する練習が必要である。

その場合、どのような教育があり得るかを、筆者の授業経験からいくつか述べたい。

（1）　具体的に分かるためのさまざまな工夫を試みる

知識の丸暗記でなく、自分で納得できるように意味内容が分かる工夫をする。例えば、線条的な文章を2次元の表や図にすることで分かることがあり、これはストラテジーの一つである。分類や比較対照を表にするのはよく用いられるが、例えば『大学生　学びのハンドブック』（世界思想社編集部、2015）は、文章例7（表9）に出てくる「普及のS字曲線」がどういうものなのかを具体的につかめるように、グラフで表して視覚化することを勧めている。

他の学生からそのやり方を学んだり、教員がモデルを見せたりするなどして、多様なやり方の具体的な提示をするのがよい。

（2）　接続語に注目させる

文章の論理関係を正確に読み取るとき、接続語は重要な手掛かりである。学生は、内容に注目してしまうと、接続語に意識が行かなくなることがある。接続語は、著者が論理関係を明示しているマーカーだということを常に意識させ、それに基づいて論理関係を読み取るようにさせる。

（3）　論理関係の可視化

何が原因で何が結果か、あるいは何を根拠に何を結論しているかの論

**表9　文章例7**

| |
|---|
| 新しいテクノロジーが普及する過程については、これまで数多くの研究がなされてきた。そのなかで、一般的なモデルとして広く知られるのは、普及のS字曲線というものだ。最初に初期導入者のあいだで広まっていく時点では、普及の伸びは緩やかだが、10～25％に達したあたりから普及率が急激な伸びを見せるようになる。通常この段階は「離陸期」と呼ばれるが、そこからの高い伸びは社会のなかに広く行き渡って飽和状態になるまで続くのである。（下線は筆者による） |

理関係を正確に把握することは、文章上でなぞるだけでは難しい。特に、複数の根拠や原因が複雑な構造をなしている場合は、これを論証図のような形で可視化する。論証図については、野矢（1997）や福澤（2012）が紹介しており、根拠を上に、結論を下に書いて、その関係を矢印で示す。根拠同士の関係も記号を使って表す。これによって、根拠の確からしさ、論証の論理性の評価に注意を向けやすくなる。文章例1を論証図で示すと、図1のようになる。最初は作成が面倒だと思っても、何度か練習することで、学生は自分の理解に役に立つと自覚できるようになる。

　更にこれが有効なのは、作った論証図をもとに説明をさせると、作成した論証図が誤っている、つまり因果関係の把握が間違っていたことに自分で気づけることである。それに加えて、前提となっていて明示的に書かれていない原因、あるいは根拠にも気づきやすくなる。筆者は、留学生の読解のクラスで、文章例6の論証図の作成課題を試みた。前提となっている露点の知識そのものは全員が持っていたはずであるが、作る前にそれに気づいた学生はいなかった。しかし、論証図を作成すると、ほぼ全員がその前提が必要であることに気がついた。

（4）　他者への説明

　他者に説明することは、自分の理解の不十分さや不正確さに気づかせてくれる。犬塚（2010）は、大学2年生を対象にした論文読解の特別授業で、専攻する分野の論文をペアの一方が説明し他方が質問をするという相互説明に取り組ませた。それによって、読解への取り組み方に変化が見られたことを報告している。相手に分かるように説明しようとすれ

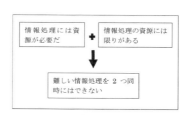

**図1　文章例1の論証図**

ば、自分自身が書かれた内容を自分自身で解釈して述べる必要がある。更に、説明する相手からの質問によって、自分の理解の不十分さに気づくことができる。

（5）　もとの言語形式（言語表現）から離れる試み

以上の（1）から（4）は教育の一例に過ぎないが、このような練習で追求するのは、正確で結束的かつ領域固有の関連知識によって豊かになった文章の表象である。いわゆる「腑に落ちた」と呼ばれる理解である。自分の読みに得心がいかなければ、引用において原文の言語表現に頼ることになり、剽窃となる。

しかし、よい表象が形成できることがそのまま適切な引用ができることにはつながらない。犬塚（2010）では、相互説明の際の発話を分析したところ、もとの文章の読み上げが最も多く、練習を重ねても改善が見られなかったことが報告されている。

原文の内容を正確に理解しても、それを自分の解釈に立って言語化するのは、難しい作業である。文章を読みながら自分で解釈し、それを言語化しつつノートやメモ、図や表を作成する、そしてそれをもとに相手に説明するという、原文から離れて自分の解釈を述べる作業を繰り返す必要があると思われる。吉村（2013）は、日本人学生に対して英文論文を読んでその内容を自分の言葉で書くことを教える際に、具体的に「テキストを見ないで…（略）…日本語で言ってみる」（p.82）というステップを踏むことを勧めている。そのような試みの繰り返しによってはじめて、「自分の言葉で説明する」ことが可能になるのではあるまいか。

## 5.　終わりに

本章では、大学で必要とされる読みについて私見を述べ、それが中等教育までに養成されていると考えるべきではないことを難波（2014）及び田島・茂呂（2003）に基づきながら指摘した。大学は大学として、大学で学ぶためのリテラシー教育をする必要があり、読解スキルもそのリテラシーの一つとして位置づけられるべきである。しかし、リテラシー

教育は圧倒的に「書く」能力の向上を目指したものが多い（清水・秋山、2010）のが現状であろう。現在、アカデミック・スキル習得のための本が出版され、多くが読解スキルも取り上げている。そこでは、本の内容を受身的に受け入れて覚えるのではなく、内容に疑問を持ち、納得するまで調べるという読み方が強調される（天野ほか、2008；学習技術研究会、2006）。そのこと自体にはもちろん異論はない。しかし、学生の現状に寄り添いかつ大学で必要な読解力をつけるためには、多様な専門分野の学生に対してどのような読みを求めるのかを具体的に検討し、学習項目を洗い出して系統的なカリキュラムを考えるべきであろう。さらに、大学に限らないが、「読む」ことはそれで自己完結するものではない。読んだものをレポート等でどのように自身の議論の構成に取り入れていくかまでを視野に入れて、読解教育を考える必要がある。

同時に筆者は、小説以外の本を1冊自分で読み切って、その内容から何かを得てきたという経験を、大学入学時までに果たしてどのぐらいの学生がしてきているのか、疑問に思っている。確かに初等・中等教育では教科書はあるが、生徒は教科書を「読解」してきたのではなく、あくまで教員による授業によって内容を理解してきたのである。つまり、自力でこういった内容の文章を読み、理解し、知識を得てきたという経験を必ずしもしてきていないのではあるまいか。だとすれば、専門的な内容が書かれた、それなりの量があるものをいきなり自分で読めというのは、あまりにハードルが高すぎる。

学生の読書体験や読解観を含め、読解スキルがどの程度身についているのかを調査し、丁寧な読解のカリキュラムが組まれることが必要だと考える。


**【注】**

1. cohesion, coherence にはさまざまな訳語が使用されているが、本稿では、池上嘉彦他訳（1984）『テクスト言語学入門』の訳に従う。

2. ほかに連接関係，結束関係（coherent relation）などと呼ぶこともある。
3. text-connecting inference には結束構造の推論も含まれているので，論理関係の推論に限定するためである。
4. 本文には，この後に機械とは呼べない例がいくつか紹介されており，「抵抗力をもつ物体」とは例えば「鉄や木材」であることがわかる。
5. このような議論文の読解は，高等教育で初めて必要となるものではなく，むしろ個々人が市民社会で生きていく上で必要不可欠なものだと思われる。したがって，国語科の役割かどうかはともかく，中等教育でこうした読解力と論理力を養成するのかどうかが論議されるべきであろう。
6. 複数の根拠同士の関係については，野矢（1997）は単純型，連鎖型，結合型，累加（合流）型を挙げている。更にこれらは相互に組み合わさる。

## 【例の文章の出典】

例1　高野陽太郎（2002）「2章　外国語を使うとき―思考力の一時的な低下―」海保博之・柏崎秀子編著『日本語教育のための心理学』(pp.15-28) 新曜社.

例2　文部省『中央教育審議会答申（1996年）21世紀を展望した我が国の教育の在り方について（第一次答申）』文部科学省HP, http://www.mext.go.jp/b_menu/shingi/old_chukyo/old_chukyo_index/toushin/1309579.htm （2016年6月参照）

例3　濱口桂一郎（2013）『若者と労働：「入社」の仕組みから解きほぐす』中公ラクレ

例4　柏崎秀子（2002）「9章　日本語の談話を科学する」海保博之・柏崎秀子編著『日本語教育のための心理学』(pp.135-149) 新曜社.

例5　稲見辰夫（1993）『入門ビジュアルテクノロジー　機械のしくみ』日本実業出版社.

例6　朝日新聞科学医療部編（2014）『今さら聞けない科学の常識3　聞くなら今でしょ！』(pp.18-19) 講談社ブルーバックス.

例7　岡田朋之・松田美佐（2002）『ケータイ学入門』有斐閣.

## 【参考文献】

阿部純一（1995）．「文の理解」大津由紀雄編『認知心理学　3　言語』(pp.159-171) 東京大学出版会．

阿部純一・桃内佳雄・金子泰朗・李光五（1994）．『人間の言語情報処理　言語理解の認知心理学』サイエンス社．

天野明弘・太田勲・野津隆志（2008）．『スタディ・スキル入門―大学でしっかり学ぶ

ために―』有斐閣.
犬塚美和（2010）.「相互説明を用いた学術論文読解の指導」『読書科学』53（3), 83-93.
大河内祐子（2001）.「論説文におけるアーギュメントの理解」『東京大学大学院教育学研究科紀要』40, 131-138.
学習技術研究会（2006）.『知へのステップ　改訂版―大学生からのスタディ・スキルズ―』くろしお出版.
要弥由美（2012）.「調査レポート執筆のための資料読解時に見える学生が抱える問題点」『リメディアル教育研究』7（1), 155-164.
小林敬一（2007）.「論争的な複数テキストの理解―発話思考法を用いた分析―」『静岡大学教育学部研究報告　人文・社会・自然科学篇』58, 159-169.
小林敬一（2009）.「大学生は複数テキスト間の潜在的論争をどう理解するか？」『静岡大学教育学部研究科報告　人文・社会・自然科学篇』60, 85-96.
清水史・秋山英治（2010）.「高等教育における日本語リテラシー教育の現状と課題」『愛媛大学法文学部論集　人文学科編』28, 83-116.
世界思想社編集部（2015）.『大学生　学びのハンドブック［3訂版］』世界思想社.
田島充土・茂呂雄二（2003）.「素朴概念の理論的再検討と概念学習モデルの提案―なぜ我々は「分かったつもり」になるのか？―」『筑波心理学研究』26, 83-93.
難波博孝（2010）.「論理／論証教育の思想（2）―論理の教育及び論証の妥当性について―」『国語教育思想研究』28, 21-29.
難波博孝（2014）.「『日常の論理』の教育のための準備―論証／説明／感化の論理の区別とその内実―」『初等教育カリキュラム研究』2, 49-61.
西垣順子（2005）.「高水準リテラシーを育む大学教育を研究する」溝上慎一・藤田哲也編『心理学者，大学教育への挑戦』(pp. 195-216) ナカニシヤ出版.
野矢茂樹（1997）.『論理トレーニング』産業図書.
福澤一吉（2012）.『文章を論理で読み解くためのクリティカル・リーディング』NHK出版.
藤木大介・山本諭実子・山川和弘・中村真由（2013）.「大学生の専門的文章の読解における未知語の意味の推測過程」『日本教育工学会論文誌』37, 5-8.
邑本俊亮（1999）.『文章理解についての認知心理学的研究―記憶と要約に関する実験と理解過程のモデル化―』風間書房.
吉村富美子（2013）.『英文ライティングと引用の作法―盗用と言われないための英文指導―』研究社.
de Beaugrande, R., & Dressler, W. (1981). *Introduction to text linguistics*. Harlow : Longman.（池上嘉彦・三宮郁子・川村三喜男・伊藤たかね訳, 1984,『テクスト言語学入門』紀伊國屋書店）.
Coté, N., Goldman, R.S., & Saul, U.E. (1998). Students making sense of information text : Relations between processing and representation. *Discourse Processes, 25*, 1-53.
Geisler, C. (1994). *Academic literacy and the nature of expertise : Reading, writing, and know-*

*ing in academic philosophy.*   Mahwah, NJ : Lawrence Erlbaum Associates.
Graesser, A., Singer, M., & Trabasso, T. (1994).   Constucting inferences during narrative text comprehension.   *Psychological Review, 101*, 371-395.
Garrod, S.C., & Sanford, A.J. (1994).   Resolving sentence in a discourse context, In M.A. Gernsbacher (Ed.), *Handbook of psycholinguistics* (pp. 675-698).   San Diego, Calif. ; London : Academic Press.
Haberlandt, K. (1982).   Reader expectations in text comprehension, In J. Le Ny & W. Kintsch (Eds.), *Language and comprehension* (pp. 239-249).   Amsterdam : North-Holland Pub. Co.
Keenan, M.J., Baillet, D., & Brown, P. (1984).   The effects of causal cohesion on comprehension and memory.   *Journal of Verbal Learning and Verbal Behavior, 23*, 115-126.
Kintsch, W. (1986).   Learning from text.   *Cognition and Instruction, 3*, 87-108.
Sanders, T., Spooren, W., & Noordman, L. (1992).   Toward a taxonomy of coherence relations.   *Discourse Processes, 15*, 1-35.

# 第6章　言語教育から引用の問題を考える
―― パラフレーズを中心に ――

鎌田美千子（宇都宮大学）

## 1.　はじめに

　レポートの書き方に関する学習は、大学初年次教育の柱の一つでもあるが、その中でも引用[1]に関しては、研究倫理の面からも、また学術的表現の面からも必須事項として扱われている。引用をめぐって研究倫理上の問題になるのは、（1）出典を明示しない、（2）引用方法が適切ではないといったことである。出典に関しても引用方法に関しても、大学での授業や学習書において重要視されている一方で、学生のレポートの中には、直接引用とも間接引用とも言えない書き方が散見される。引用符を用いずに引用元の文またはその一部を長めに書き写した書き方である。

　いわゆる「コピー＆ペースト」と言われているような、インターネット上の文章を丸写ししたものとまではいかないにしても、このような書き方では、どこからどこまでが引用元に基づくもので、どこからどこまでが学生自身の考えなのかが把握できない。学生たちに率直なところを尋ねてみると、「自分の理解が正しいかどうか自信がないので、言い換えずに原文の表現を使った」、「表現力がないので、書いてある表現に頼ってしまった」という声が少なからず聞かれる。学生からすれば、引用元の書き手のことばを忠実に示そうとしてのことであろうが、示し方次第では、剽窃となりかねない。「間接引用では、自分の言葉で述べる」といった知識を有し、引用の手続きを知っていても、実際のレポートに反映できていない様子が窺える。

　「ならば、出典の明記を徹底した上で、パラフレーズ（言い換え・書き換え）についても取り上げたほうがよいのではないか」と考える大学

教員は少なくない。筆者もその一人として、言語教育の立場からパラフレーズの習得とその教育方法に関する研究を行ってきた。パラフレーズは、引用以外にも様々な言語活動に見られる。同じ内容であっても口頭と筆記では述べ方や表現が異なるため、例えば講義で聴いた内容やゼミで話した内容をレポートにまとめる際には、話しことばを書きことばに言い換えることになる。また、レポートに書いた内容を発表スライドにまとめる場合には、文章ではなく見出しや箇条書きを多用するため、名詞化などの表現を用いて簡潔に言い換えることになる。母語話者なら無意識に行っているようなことでも、留学生にとっては必ずしもそのようにはいかない。レポート・論文の文章となると難しさが一層増す。こうした経緯から第二言語としての日本語によるパラフレーズの困難点を解明し（鎌田・仁科，2008；鎌田・仁科，2009；鎌田，2010；鎌田，2011）、その結果に基づいてパラフレーズ教材（鎌田・仁科，2014）を開発したところ、「留学生だけではなく日本人学生にも必要」といったコメントが数多く寄せられた。大学でのライティング指導が、表現のみならず、考える力そのものを中心に位置づけて展開されるようになってきている中で（井下，2008）、同時にそれを支えるメタ認知的な言語要素としてのパラフレーズに着目させようというものである。中でも引用は、他者が述べた内容を自分の文章の論理展開にあわせて取り込むといった高次の言語能力を要するため、母語であっても意識的な学習が必要である。パラフレーズができるようになればうまく書けるようになるのではないかという期待が持たれる一方で、初年次教育の市販テキストの多くは、パラフレーズまでは扱っていない。レポートや論文でどのようなパラフレーズが必要になるのかまで検討しているものは、極めて少ない状況にある。

　こうした背景をふまえて、本章では、大学でのレポート・論文における引用の学習と指導のあり方をパラフレーズの面から考察することを通して引用の指導上の留意点を示すことを目的とする。ライティングに関しては、日本人学生と留学生に共通する問題とそれぞれ固有の問題があ

るが、本章では、日本語を母語とする大学生と、日本語を第二言語とする留学生に共通する問題を中心に論じていく。以下、**2.** では、引用の基本となる自他の区別について述べる。次に **3.** では、まず直接引用と間接引用について述べた後、解釈を示すことの学習が初年次学生や留学生に可能かといった問題の考察を試みる。次に、その基本となるパラフレーズの問題演習を例示しながら指導上の留意点を述べる。**4.** では、引用の学習を大学教育全般に位置づけて考える必要があることと、学生一人ひとりの主体的な学びを支える視点が不可欠であることについて述べる。最後に、**5.** では、まとめと今後の展望について述べる。

## 2. 自他の区別

　レポートでは、「教師が与えた課題について学生が主体的に調査・研究し、多少とも独自の見解に到達すること」（木下，1994，p.12）が期待され、課題に対してどのように考えたのかを示すことが求められる。そのため、他者の記述と書き手自身の記述の区別ができていなければ、そのレポートに対する評価も低くなるであろうし、さらに出典を明示していなければ剽窃と見なされる。つまり、自他の区別を明確にした上で論述し展開することがまず基本であると言える。しかし、次に示すように、実際には、それが困難な事例が報告されている。

　日本人学生・留学生双方に対する日本語表現教育のあり方と具体的な教育方法を検討した山本（2006）は、学生の状況を次のように述べている。

> 　他者の考えでも引用なしに自分の考えであるかのように書く学生は、留学生に限らず、日本人学生にも多い。彼らの多くは、情報源を明記するといった単にスキルを学ばせる程度の生半可な指導だけでは効果がない。なぜなら、参考資料を読んだり聞いたりしていると、彼らはそれがあたかも自分自身の考えであるかのような錯覚に陥ってしまうからである。それで、情報源を明記するように指導し

ても、資料を読む前から資料の著者とは同じ考えだったから自分の考えだと開きなおる。

（山本，2006，p. 87）

　山本は、このような自他の区別への意識が十分に確立していない事例に対して、書く準備段階からの指導の重要性を指摘している。必要な情報を収集する前に自分自身の主張を明確にさせておくこと、さらに情報を読み取るための読解力・聴解力が必要であることを論じた上で、論理的表現力養成のための教材例と指導例を示している。
　また、井下（2013）は、大学のライティング教育を（1）表現教養型[2]、（2）学習技術型[3]、（3）専門基礎型[4]、（4）専門教養型[5]、（5）研究論文型[6]に分類した上で、（1）表現教養型及び（2）学習技術型を中心に展開されている初年次教育での学習が2年次以降にうまくつながっていかない問題を論じる中で、学生の状況を次のように述べている。

　　たとえば、学習技術型のライティング指導を受けた学生であれば、キーワードを検索エンジンに入力して、レポートの基本様式に当てはめ、コピー＆ペーストでそれなりの体裁のレポートを簡単に作成することができる。コピペは、情報をそのまま自分で考えずに盗用することであるが、学生には盗むという明確な意識はほとんど見られない。また、授業で習った通りに、引用の手続きを踏んでいる学生もいるが、どこまでが学生本人が書いた言葉なのか、曖昧な場合も多い。
　　これは、学習技術型のコースデザインに問題があるのではないか。たとえば、レポートの基本となる様式は教えていても「なぜ、コピペすることがいけないことなのか」を学生が理解できていない場合や、文献を読むことと書くことを連動させた指導がおこなわれていない場合、さらに学問とは何か、研究とは何かというディシプリンの要素がデザインに盛り込まれていない場合に、問題は起きる。引

用の手続きだけを教え込もうとすると、学生は安易にコピペに走る。
(井下，2013，pp. 15-16)

　井下の指摘も、山本同様に引用をめぐる問題を端的に表している。つまり、数回の授業で引用の形式と表現を取り上げただけでは通用しないということが示唆される。

　両者の指摘に共通するのは、文献を読む前段階を含め、読むことと書くことを連動させた学習が欠かせないという点である。このような問題に対しては、読解と関連づけた次のようなライティングの教育実践が試みられている[7]。二通（2006）は、留学生を対象にした日本語教育の立場から、大学でのレポート・論文では「1冊の本や数章にまたがる長い文章から必要な情報を取り出す、同じテーマの複数の文章の内容を比較する、事実と意見を区別しながら読む、要旨を読み取り自分の言葉でまとめるなど、自分自身の問題意識に基づく能動的な読み方が必要になる」（p. 101）のに対して、留学生対象の日本語教科書の質問や課題は言語知識や内容理解を問うものが中心であり、レポート・論文の引用に必要となる批判的な読みが不足していることを指摘している。ここで批判的な読みとは、「テキストの価値や妥当性を判断しながら読む」（p. 111）ことを意味している。そして、「テキストと適度の距離を保ち、文章の中での事実と意見の区別をしっかりと意識しながら、文章に主体的に向かっていけるような読み手」（p. 108）を育てることが剽窃の問題の解決になると捉えて、授業では、文献の筆者が述べていることと自分自身がどのように考えるかを区別して学生に問うこと、加えて文献の筆者の根拠が妥当であるかを考える機会を設けることを提案している。このような指導を通して自他の区別の意識化を図っていくことが上述したような問題の解決につながると思われる。

　さらに付け加えるならば、パラフレーズの学習も、こうした自他の区別を前提になされなければならない。パラフレーズが巧妙であれば、教員の目からも剽窃チェックツールからも検知されないことからも、自他

の区別を最も基本かつ重要な事項として教示することが肝要である。

## 3. 引用と解釈

### 3-1. 直接引用を基本に位置づける

引用の方法は、大きく直接引用と間接引用に分けられる。直接引用では、引用元の文またはその一部をそのまま忠実に書き写す。間接引用では、引用元の内容をレポート・論文の書き手自身の表現で示す。パラフレーズが関係するのは間接引用であるが、前述したような学生の状況をふまえて考えると、不適切な間接引用、すなわち自他の区別が不明瞭な間接引用を避けるためには、まず直接引用を使いこなせるようにすることが先決であると考える。その理由は、二つある。

第一に、直接引用では、引用箇所が短い場合には引用符で括る、また引用箇所が長い場合には左から2字分空けて書くといった明示的な表現形式によって自他の区別への意識をより明確にできることによる。レポート・論文の書き方に関するテキストの多くが直接引用と間接引用の双方をほぼ同等に取り上げている中で、佐渡島・吉野（2008）は、「勝手に別の言葉に言い換えて紹介したのでは意味がずれてしまう可能性があるので、信憑性のある文章とはいえなくな」（p.83）るとし、直接引用を基本に位置づけている。直接引用の方法に習熟すれば、引用箇所が複数に及ぶ場合であっても自他の区別が曖昧になることを防げると筆者も考える。

第二に、論理展開を構築する難しさを軽減するためである。引用の学習に際して、読解力を支える必要があることは前述したが、書くこと自体に目を向ければ、他者の文章あるいはその一部を自分の文章の論理展開にあわせて取り込めないといった問題が見られる。したがって、論理的な表現力をいかに支えるかといったことも同時に考えていかなければならない。二通（2007）は、研究留学生の引用の問題点として、（1）資料の読み取り、（2）引用のしかた・引用部分と自分の議論との関係、（3）原文からの切り取り方・文章への組み込み方の三つを指摘している。ま

た、村岡（2014）は、専門日本語ライティング[8]が必要な学習者の問題点として次の三つを挙げている。第一に「ジャンルに応じた文章表現の適切性の判断が不十分である」（p.64）こと、第二に「引用の手続きおよび剽窃に関する正確な知識と日本語による適切な表示の能力が不足している」（p.64）こと、第三に「段落と論理展開、および文章構成が適切に行えない」（p.64）ことである。第一及び第二の点は、第三の点とも関わるものであるとし、構成と論理展開をふまえた適切な表現が使えていないこと、さらに、剽窃は倫理上の問題であることに加えて不十分な論理構築が起因していることを指摘している。こうした状況から考えると、引用符や字下げといった明示的な表現形式を用いずに他者の文章あるいはその一部を自分の文章の論理展開にあわせて取り込むことは、ともに初年次学生及び留学生にとって必ずしも容易ではないと推察される。それに対して、引用符や字下げといった明示的な表現形式を用いる直接引用は、比較的取り組みやすい。学術論文では、ページ数が制限されている関係上、間接引用の必要性が高まるものの、初年次教育の一環であれば、まずは直接引用の方法に十分に習熟させ、その次段階として間接引用の方法を取り上げたほうが、他者の文章あるいはその一部を書き手自身の文章の論理展開にあわせて取り込むことに集中できると考える。前述した自他の区別への意識と同様に、引用の学習だからと言って即パラフレーズを取り上げるのではなく、こうした段階的な学習が必要である。

## 3-2. 間接引用と「要約」の違いに留意する―指示詞を例に―

引用の形態は研究分野によっても異なり、主に直接引用で論述する分野もあれば、間接引用で論述する分野もある。専門教育、特に卒業論文を見据えて考えると、間接引用による論述形態をとる研究分野に進む可能性を考慮し、間接引用に関しても学習の場を設ける必要があろう。では、その場合にどのような点に留意したらよいだろうか。

市販テキストの中には、間接引用を「要約」として説明しているもの

が散見されるが、引用元の表現を抜き出してつなげるような書き方をしてしまうと、結果的に自他の区別がつかない文章に陥りやすい。特に日本語を第二言語として学ぶ留学生の場合、原文表現に依拠する傾向があり（鎌田・仁科, 2009）、原文表現をつなぎあわせた書き方が目立つ。以下では、この問題について、引用箇所が複数に及ぶ際にパラフレーズが必要となる最も典型的な言語要素の一つである指示詞を例に挙げながら説明する。

パラフレーズには、主に語彙、統語、意味のそれぞれが関与し（鎌田, 2015a；鎌田, 2015b）、指示詞が含まれる場合には、統語的なパラフレーズが基本になる。次の〔例1-2〕は、〔例1-1〕の指示詞「その」を言い換えて一文にしたものである。

〔例1-1〕　仕事への意識が変化してきた。その要因を探る。
〔例1-2〕　仕事への意識が変化してきた要因を探る。

（鎌田, 2015a, p.17, 下線は筆者）

引用する文が〔例1-1〕、〔例1-2〕のように比較的短い文であれば、さほど問題にはならないが、次に示すように、引用元の表現をあまり長く使いすぎると不適切な引用となるため、注意を要する。以下、鎌田・仁科（2014）の問題演習を〔例2-原文〕に示し、二重下線部「そのような」を言い換えて〔例2-原文〕の第1文から第3文の内容を引用文として一文で表したもの3種を〔例2-1〕、〔例2-2〕、〔例2-3〕に示す。

〔例2-原文〕
　　人口減少の問題を抱える町に自動車や家電製品の大工場ができれば、雇用の増加とともに、地域の商店街が①再びにぎやかになるのではないかという期待が高まる。②だが、買い物客は地域外の近隣の新しい大型商業施設に流失してしまい、もともとの商店街は③シャッターが下りたままといった前例も少なくない。

第6章　言語教育から引用の問題を考える

　そのような状況の中で、地方経済の活性化の面から注目されているのが映画やドラマのロケ地の誘致（ゆうち）である。自分たちが住んでいる町がストーリーの一部として映像になることは、単に町の話題になるだけではなく、一定の経済効果が見込まれるからである。
　地方の町が長期間にわたってロケ地になることの経済効果は、隣接する商店街にとどまらない。タクシー、バスなど運輸業をはじめ、土産物（みやげもの）に関係する製造業や販売業、パンフレットや地図などに関係する印刷業などにも及（およ）ぶ。さらには、町を訪れる観光客が宿泊する旅館やホテルの業績も上がれば、その影響（えいきょう）は、近隣の飲食店とそこに材料を卸（おろ）す食品業者、契約（けいやく）農家、流通業者にも広がっていく。
　　　　　　　（鎌田・仁科，2014，p.59，下線及び丸数字は変更）

〔例2-1〕
　〔筆者〕（発行年）は、人口減少の問題を抱える町に大工場ができれば、雇用の増加とともに地域の商店街が再びにぎやかになるという期待が高まる④が、買い物客は地域外の近隣の新しい大型商業施設に流出してしまい、もともとの商店街はシャッターが下りたままといった前例も少なくない状況の中で、地方経済の活性化の面から、映画やドラマのロケ地の誘致が注目されていることを述べている。

〔例2-2〕
　〔筆者〕（発行年）は、人口減少の問題を抱える町に大工場ができれば、雇用の増加とともに地域の商店街に⑤活気が戻るという期待が高まるが、買い物客は地域外の近隣の新しい大型商業施設に流出してしまい、もともとの商店街は⑥営業していないといった前例も少なくない状況の中で、地方経済の活性化の面から、映画やドラマのロケ地の誘致が注目されていることを述べている。

〔例2-3〕
　〔筆者〕（発行年）は、人口減少の問題を抱える町に大工場ができても⑦必ずしも以前のようには町が活性化しない状況の中で、地方経済の活性化の面から、映画やドラマのロケ地の誘致が注目されていることを述べている。

　〔例2-1〕は、〔例2-原文〕の下線部②「だが」を下線部④「が」に言い換えて、〔例2-原文〕の表現をほぼ残しながら第1文から第3文を一文につなげた文である。〔例1-2〕と同じように、第1文と第2文を統語的につなげることによって〔例2-原文〕の二重下線部「そのような」を言い換えている。〔例2-2〕も〔例2-1〕同様に第1文と第2文を統語的につなげて〔例2-原文〕の二重下線部「そのような」を言い換えたものであるが、それに加えて〔例2-原文〕の下線部①「再びにぎやかになる」、下線部③「シャッターが下りたまま」をそれぞれ〔例2-2〕の下線部⑤「活気が戻る」、下線部⑥「営業していない」に言い換えている。「活気が戻る」「営業していない」以外は、ほぼ〔例2-原文〕の表現が用いられている。これに対して〔例2-3〕は、下線部⑦「必ずしも以前のようには町が活性化しない」という表現を用いて文章全体から包括的に言い換えて抽象度を上げている。〔例2-1〕及び〔例2-2〕とは異なり、引用元の表現をつなぎ合わせて書いたものではない。

　〔例2-1〕及び〔例2-2〕が通常の要約文であれば、もとの表現に依拠していてもある程度許容されるであろうが、引用文として、もとの表現を多用するならば、直接引用の形態で書くべきであろう。ここに要約文と引用文との大きな違いがある。実際に学生が書く引用文は〔例2-1〕及び〔例2-2〕ほど極端ではないにしても、このような引用文を書かないようにするための教示が必要である。この点に触れている市販テキストはまだ少ないため、間接引用を取り上げる際には留意しておきたい事項である。

### 3-3. 解釈を示すには

　上述した〔例 2-3〕のようなパラフレーズには、書き手自身の解釈が含まれる。松木（2011）は、直接引用では「原文の形をそのまま再現する」（p. 110）のに対し、間接引用では「意味内容を重視し、引用者の<u>解釈</u>により原文が改変される」（p. 110, 下線は筆者）と説明し、直接引用と間接引用の違いを示している。引用者の解釈を論じていくものとして間接引用を捉えるならば、必要となるパラフレーズは、〔例 2-3〕のように全体的な意味を読み取って表すものであり、ある語を逐語的に別の語に置き換えたり、単純に文をつなげたりするようなパラフレーズではなく、引用元の文章の含意を読み取って書き手自身の表現で示すこととなる。

　解釈を示す文は、学術的な文章、とりわけ人文科学・社会科学の論文において重要な位置づけにある。人文科学・社会科学の論文[9]を対象に引用・解釈の構造を調べた山本・二通（2015）によると、引用・解釈に関わる文には「中立的引用文」[10]、「解釈的引用文」[11]、「引用解釈的叙述文」[12]、「解釈文」[13]があり、これらの文が全体の 8 割を占めるという結果を示している。さらに、人文科学では社会科学より「中立的引用文」と「解釈的引用文」が多く、「資料の切り取りとその中立的再現に重点が置かれ、その切り取られた中立的引用に対して<u>解釈する</u>という傾向」（p. 104）があること、また、社会科学では人文科学に比べて「引用解釈的叙述文」が多く、「資料を中立的に再現することよりも、資料に即しつつ論文筆者の<u>解釈を加えていく</u>ことに重点が置かれるという傾向」（p. 104）があることを指摘している（下線は筆者）。これらの結果から、解釈を示すことは、人文科学・社会科学の論文執筆に欠かせない要素の一つであることが示唆される。

　一方で、こうした現状を教育面から考えた場合に、解釈を示す書き方は、当該分野の専門知識がまだ十分とは言えない初年次学生にとって難しすぎるという指摘がなされている。井下（2008）は、学生の剽窃の要因の一つとして引用の難しさを挙げ、「初学者にとっては専門的な内容

に対して自分の意見を展開することも難しい」（p. 187）という見方を示している。吉村（2013）も「研究論文において重要なのは、意味を変えないで表現を変更することではなく、記述から具体的な状況を再構築できたことを示すこと」（p. 25）であって、「研究内容についての知識に乏しい学生にこのようなことを期待することは、無理があるのではないか」（p. 25）と述べている。

確かに専門知識が浅い段階では、引用元となる文献の理解も表層的なものになりやすい。Kintsch（1994, 1998）によると、文章理解には異なる三つのレベルがあり、より高次のレベルでは、既有知識と結びつけて表象され、読みの深さは知識の有無や程度に関係するという。例えば3-2.の〔例2-原文〕に書かれているようなことは、映像業界では「フィルムコミッション」と呼ばれているものであり、このことを熟知している場合と全く知らない場合とでは、自分の論拠を展開する上での取り込み方や論理構築の仕方に相違が生じるものと思われる。

では、教育面からどのように取り組んでいけばよいのだろうか。3-2.の〔原文〕を例にすれば、「フィルムコミッション」といった専門用語を使わないまでも、「地域の商店街」という語を手がかりに論を展開させることや、初年次後半以降であれば、学生各自が学んできた経済学、社会学、観光学などの知識と結びつけて見解を示すことができるのではないだろうか。このように、題材や課題の出し方を学生自身の既有知識に合わせて調整することによって解釈を示す書き方を取り上げることは可能であると思われる。

さらに、解釈を示すための初歩的な学習としては、上位概念を示すパラフレーズや含意を示すパラフレーズが挙げられる。次の3-4.では、これらに焦点を絞って詳述する。


3-4. パラフレーズの学習例

パラフレーズの学習に主眼を置いた市販テキストである鎌田・仁科（2014）では、表1の通り、大学でのレポート、論文、発表スライド、

## 第6章 言語教育から引用の問題を考える

**表1 『アカデミック・ライティングのためのパラフレーズ演習』(鎌田・仁科, 2014) の学習項目**

| 第I部　単語を言い換える | |
|---|---|
| 1. 書き言葉 | 例. 若者の失業は、<u>すごく</u>大きな問題である。<br>　　→若者の失業は、<u>非常に</u>大きな問題である。 |
| 2. 和語と漢語 | 例. 議長を<u>選ぶ</u>。→議長を<u>選出する</u>。<br>　　職業を<u>選ぶ</u>。→職業を<u>選択する</u>。 |
| 3. 名詞化 | 例. 賞味期限と消費期限が<u>違うこと</u>を説明する。<br>　　→賞味期限と消費期限の<u>違い</u>を説明する。<br>　　→賞味期限と消費期限の<u>相違</u>を説明する。 |
| 4. ジャンルによる使い分け | 例. 富士山を訪れる外国人数は、<u>昨年</u>よりも増加した。<br>　　→富士山を訪れる外国人数は、<u>2013年</u>よりも増加した。 |
| 総合問題 | |
| 第II部　意味を読み取って言い換える | |
| 1. 長い文／複数の文 | 例. 消費者の意識が<u>なぜ変化したのか</u>を分析する。<br>　　→消費者の意識が<u>変化した原因</u>を分析する。 |
| 2. 上位概念 | 例. 各市町村の<u>公民館、図書館、市民体育館、公園など</u>を充実させる。<br>　　→各市町村の<u>公共施設</u>を充実させる。 |
| 3. 簡潔な表現 | 例. この問題は、<u>若い人たちのこれから先の生活</u>にも影響する。<br>　　→この問題は、<u>若者の将来の生活</u>にも影響する。 |
| 4. 含意／解釈 | 例. この地域は一般道でも渋滞することがほとんどない。新しく高速道路ができても利用する人がいるだろうか。<br>　　→この地域に新しく高速道路を建設しても無駄である。 |
| 総合問題 | |
| 第III部　目的に応じた形式で書く | |
| 〔実践問題1〕　文献を引用する<br>〔実践問題2〕　発表スライドを作成する<br>〔実践問題3〕　インタビュー内容をレポートに書く | |

レジュメに必要となる多様なパラフレーズを取り上げ、基本から応用まで段階的な問題演習を提示している。留学生を対象としたものであるが、問題演習の一部は、日本人学生への指導にも応用可能な面を有している。以下では、この中から二つの問題演習を〔例3〕、〔例4〕に示しながら、解釈を示す上で基本となるパラフレーズについて解説する。

〔例3〕
　【問題】　例のように下線部を言い換えなさい。
　　　例. 各市町村の<u>公民館、図書館、市民体育館、公園など</u>を充実させる。
　　　　→各市町村の（　　公共施設　　）を充実させる。
　　　　　　　　　　　　（中略）

5. 本研究では、金をはじめ、銀や銅、鉄に対するアレルギー反応を検証する。
→本研究では、（　　　　　　　　）に対するアレルギー反応を検証する。

（鎌田・仁科，2014，p. 46）

〔例4〕
【問題】　文の意味を読み取って例のように言い換えなさい。
例．この地域は一般道でも渋滞することがほとんどない。新しく高速道路ができても利用する人がいるだろうか。
→この地域に新しく高速道路を建設しても（　　無駄である　　）。

（中略）

4. 厚生労働省によると、平成25年度における1時間あたりの最低賃金は、全国平均764円である。東京都が最も高く869円、次いで神奈川県が868円、大阪府が819円となっている。これに対し、島根県、高知県、沖縄県などは664円である。
→大都市がある都府県と、そうでない地方の県とでは、最低賃金に（　　　　　　　　）が生じている。

（鎌田・仁科，2014，p. 57）

〔例3〕は、上位語－下位語といった語彙概念を反映したパラフレーズを示したものである。基本問題として括弧内に一語で答える形式をとっている。括弧内には、問題文中の金、銀、銅、鉄の上位語にあたる「金属」といった語が入る。問題文5.では、個々の下位語が一文内に並列しているが、レポート・論文作成時に参照する実際の文章では、個々の内容が述べられている箇所が段落レベル、章レベルといった広い範囲に及ぶ。授業では、このことを視野に入れながら、より長い文章を素材とした課題へと発展させていく。

〔例4〕は、複数の文による意味内容を一文で表すパラフレーズを示

したものである。〔例 3〕同様に、基本問題として括弧内に一語で答える形式をとっている。問題文 4.では、最低賃金が高い上位三県の東京都・神奈川県・大阪府が「大都市がある都府県」と言い換えられ、また最低賃金が低い島根県・高知県・沖縄県が「そうでない地方の県」と言い換えられている。両者の比較から括弧内には「格差」「差」といった語が入る。〔例 3〕同様に、授業では、こうした基本的な問題をもとに、長さのある文章を素材とした課題へと発展させていく。

　〔例 3〕においても〔例 4〕においても文中の個々の情報[15]をもとに抽象度を上げて言い換えることになる。抽象度を上げて表現するには、もとの文章に示されている情報の一つひとつをどのように統合するかが大きく関係してくる。認知心理学では、文中の個々の情報は一般化（generalization）されると考えられており（van Dijk and Kintch, 1983）、その際には読み手の既有知識が影響する。つまり、〔例 3〕では、金、銀、銅、鉄といった一連の単語を概念的に結びつけて考えられるかどうか、また、〔例 4〕では、東京都・神奈川県・大阪府の三県と島根県・高知県・沖縄県の三県との対比から、都市と地方に格差があることをそれぞれの都府県の地理的・産業的特徴と関連づけて考えられるかどうかが関わってくると言える。特に日本での生活経験が浅い留学生の場合、〔例 4〕のような非明示的な意味が必ずしも読み取れないことがあるため、関連する情報を補いながら進めていく必要があることに留意したい。

　ここに挙げた例は一般的な話題であったが、専門性の高い話題を取り上げる際にも同様に、学生の既有知識の不足を一層考慮しながら、読むことと書くことをつなげていく視点が肝要である。

## 4.　初年次教育・日本語教育といった枠組みを超えて

### 4-1.　専門教育と連携したライティング教育の必要性

　以上をまとめると、レポート・論文の引用にあたって重要なのは自他の区別であり、倫理上の問題に加えて、読解力、論理的な表現力、さらに専門性といった要素が大きく関わってくると言える。したがって、引

用の学習は、初年次教育・日本語教育といった枠組みにはおさまらないことが示唆される。井下（2008）は、認知心理学的観点からライティングの様相をモデル化したBereiter & Scardamalia（1987）に基づいて知識叙述（knowledge-telling）型ライティング方略と知識変換（knowledge-transforming）型ライティング方略の二つを示した上で、熟達者のライティングに相当する後者の知識変換型ライティングにおいて知識の構造化がなされるとし、大学でのライティング教育を学士課程全般にわたるカリキュラムの中に位置づける必要性を論じている。3-3.及び3-4.で既有知識について述べた通り、学術的な文章として解釈を示すには当該分野の知識が必要となることからも、井下が提案するように学士課程全般にわたるカリキュラムデザインの構築が望まれる。その連続した流れの中に引用の学習を位置づけてこそ、読解力と論理的な表現力を専門知識に結びつけて育成することが可能となり、目指すライティング能力を習得させることができると考える。

引用の学習としてパラフレーズを取り上げる場合にも、単なる表現上の問題として捉えるのではなく、大学教育全般を通して考えていく必要がある。その理由は、上述したように、解釈を示す上で専門教育が果たす役割が大きいことによる。日本語教育の観点から論じた鎌田（2015b）は、作文からレポート・論文への橋渡しとして、（1）文を基本とするパラフレーズ、（2）ディスコースから意味を読み取って表すパラフレーズ（一般的な内容）、（3）ディスコースから意味を読み取って表すパラフレーズ（専門的な内容）、（4）学習したパラフレーズを意識しながらレポート・論文を書く、といった段階的学習を提案している。3-4.に挙げた〔例3〕及び〔例4〕は、上記（1）にあたる。このように、初年次教育・日本語教育にとどまらず、専門教育も含めた包括的な教育プログラムの中で考えていく必要がある。

### 4-2. 主体的な学びを支える

さらに、学生の主体的な学びを支える視点も欠かせないことを最後に

つけ加えたい。認知心理学では、文章を書くプロセスは、構想から文字化へ単線的に進むものではなく、行きつ戻りつしながら進むモデルとして示されている（Hayes and Flower, 1980； Bereiter & Scardamalia, 1987）。このモデルに従えば、レポートでは、単に考えたことを書くといった側面のみならず、書くことによって考えが深まることや、それまで考えてもいなかったことに気づくことがあると言える。時には、書き手にとって重要なことを見出すこともある。このように書きながら自分の考えをより深く変容させていくことの中に学生一人ひとりの主体的な学びがあると言えるのではないだろうか。さらに、この学びこそがレポート課題に通底する本質的な目的の一つなのではないだろうか。

　剽窃は、こうした学びの対極にあると言える。大学でのライティング場面は、深く考えながら自らの問題意識に挑む大切な機会でもある。教員側による評価の焦点は、レポートとして提出された文章としての完成度よりもむしろ、学生一人ひとりの主体的な学びに向けられているのであり、その学びに対する動機づけとフィードバックが学生たちの知的な探究心を一層高めていくことであろう。引用の学習も、パラフレーズの学習もこの延長上にあることを忘れてはならない。言うまでもなく、ドリルのような機械的な練習に終始すべきではない。

## 5． おわりに

　以上、大学での学術的な文章における引用の問題をパラフレーズの面から論じた。引用の学習を展開する際に自他の区別は基本であり、そうした基礎を支えるには読解力と論理的な表現力、そして専門知識が肝要である。これらは、単独ではなく、複合的に関与する問題でもあることから、大学教育全般にわたって取り組むべき課題である。本章では、パラフレーズの学習をその一環として位置づけて最も初歩的な問題演習例を提示しながら、引用に関する学習上の留意点を示した。

　4. で述べたように、書くことと考えることは、相互に関係し合う。こうした中で、3-4. に例示したパラフレーズは、他者の考えを引用すると

きのみならず、自分の考えを論じるときにも用いられるものであり、メタ認知的な機能を有する。大学におけるライティング教育の中心に考える力の育成を位置づけるならば、それを支えるメタ認知的な特性としてのパラフレーズにも注目される。今後、こうした特性と結びつけた教育方法の開発をさらに進めるとともに、学生一人ひとりが責任ある研究を遂行できるようになることを目指した教育実践を重ねていきたいと考える。

## 【付記】

　本研究は、科学研究費基盤研究（C）「パラフレーズの教育方法に関するハンドブックの開発―理論・実践・応用―」（課題番号 16K02796、研究代表者　鎌田美千子）及び科学研究費基盤研究（B）「大学・大学院でのキャリア形成に資する在学段階別日本語ライティング教育の開発と評価」（課題番号 26284072、研究代表者　村岡貴子）の一部である。

　なお、本章の 3-4. は、2014 年 12 月 13 日に筑波大学で開催された第二言語習得研究会（JASLA）の予稿集に掲載した鎌田（2014）の 4.2 の一部を加筆修正したものである。

## 【注】

1) 引用とは、「他人のことばをそれと分かるように自分のことばに取り込む行為」（山口，2009，p. 1）であり、口頭でも文章でもなされるが、本章では、主に大学生が取り組むレポート及び論文における引用を中心に論じる。
2) 表現教養型とは、「ディシプリンの要素を含まない文章表現指導」（p. 15）を指し、「エントリーシートなどの就活に伴う文書指導」（井下，2013，p. 15）も含まれる。井下（2008）では、「技術よりも学習者としての自律的な態度や感性の育成を重視し、自分の思いや考えをことばに載せて伝えるための教養教育」（p. 19）に力点があると説明されている。
3) 学習技術型とは、「初歩的なアカデミック・ライティング」（井下，2013，p. 15）を指し、「汎用性の高いレポートの書き方、スキル学習」（井下，2013，p. 15）がこれに含まれる。
4) 専門基礎型とは、「専攻分野に特化したレポートの基本的書き方」（井下，2013，p. 15）を指し、「臨床実習記録、実験演習レポート」（井下，2013，p. 15）がこ

5) 専門教養型とは、「専攻分野に限らず、多様なディシプリンでの幅広い学びを重視したレポート」(井下，2013，p.15) を指す。井下 (2008) は、「専門分野 (ディシプリン) での学習経験を自分のことばで表現することを通して知識の再構築、すなわち学習の意味づけをおこない教養へと発展させている」(pp.18–19) と述べている。
6) 研究論文型とは、「研究レポート、卒業論文」(井下，2013，p.15) を指す。
7) 留学生を対象にした日本語教育の立場から、読解と関連させたライティング学習について論じたものには他に佐藤 (1993) がある。佐藤は、「読み教材」を使用する方法とその利点として、客観的事実としてのデータを提供できること、例えば「家族」「趣味」など個人的・主観的題材よりも学生の知的好奇心を満たすこと、読み教材の文章自体が範例になることを挙げ、読み教材を活用したライティングの教育実践を報告している。
8) 村岡 (2014) は、専門日本語を「大学での教育現場に適したアカデミックな目的のための日本語 (Japanese for Academic Purposes)」(p.35) と定義している。
9) 山本・二通 (2015) は、佐藤他 (2013) で「資料分析型」と判定した論文の中の「『質的データ援用型』論文」(p.97) を分析対象としている。
10) 「中立的引用文」とは、「資料の内容を忠実に再現する引用文」(山本・二通，2015，p.97) である。
11) 「解釈的引用文」とは、「資料の引用内容に対し論文筆者の解釈を含む文」(山本・二通，2015，p.97) である。
12) 「引用解釈的叙述文」とは、「資料の内容を論文筆者の解釈を通して引用叙述している文」(山本・二通，2015，p.97) である。
13) 「解釈文」とは、「資料の内容に対して筆者独自の解釈を与えている文」(山本・二通，2015，p.97) である。
14) 解釈を示すための基本的な学習としては、次の教育実践が参考になる。佐渡島 (2014) は、具体的な学習方法として、「引用の直後に＜引用部ポイント＞を一文で言」(p.26) った後、「＜引用部キーワードを再引用しながら＞論を展開する」(p.26) といった学習方法を示している。また、二通 (2005) は、日本語教育の観点から、レポートにおける引用は書き手自身の議論を組み立てていくものであり単に内容を要約して述べるものではないとする Kantz (1990) による論に言及し、「文献や資料の読み取り」(p.35) と「外から得た情報の利用」(p.36) の双方の学習を重視している。後者の学習として、「1) 全体の要約、2) 重要な部分だけの直接引用、3) 要点のパラフレーズ、4) 内容をひと言で示す、などレベルの異なる引用のしかた」(p.37) を取り上げることを提案している。いずれも読むことと書くことを連携させた学習である。
15) 〔例3〕では、金、銀、銅、鉄がこれにあたる。〔例4〕では、東京都、神奈川県、大阪府と島根県、高知県、沖縄県がこれにあたる。

第 II 部　言語教育から見た盗用問題

## 【参考文献】

井下千以子（2008）.『大学における書く力考える力：認知心理学の知見をもとに』東信堂.

井下千以子（2013）.「思考し表現する力を育む学士課程カリキュラムの構築：Writing Across the Curriculum を目指して」関西地区 FD 連絡協議会・京都大学高等教育研究開発推進センター編『思考し表現する学生を育てるライティング指導のヒント』（pp. 10-30）ミネルヴァ書房.

鎌田美千子（2010）.「文体の違いへの対応に見られるパラフレーズの分析：留学生の要約文における語の使用に着目して」『外国文学』59, 9-25.

鎌田美千子（2011）.「具体例からの抽象化に伴うパラフレーズの分析：文体の違いを文章・談話レベルから考える」『外国文学』60, 55-66.

鎌田美千子（2014）.「第二言語としての日本語によるパラフレーズと引用：文章から意味を読み取って表す」『第 25 回第二言語習得研究会(JASLA)全国大会予稿集』, 18-23.

鎌田美千子（2015a）.『第二言語によるパラフレーズと日本語教育』ココ出版.

鎌田美千子（2015b）.「第二言語としての日本語によるパラフレーズの諸相：ライティングにおける引用を中心に」『第二言語としての日本語の習得研究』18, 135-149.

鎌田美千子・仁科喜久子（2008）.「第二言語としての日本語運用に見られるパラフレーズの分析：和語動詞からのパラフレーズを中心に」『日本文化研究』28, 113-130.

鎌田美千子・仁科喜久子（2009）.「文章の難易度とパラフレーズとの関係：中国人・韓国人日本語学習者と日本語母語話者の比較」『日本語教育論集』25, 19-33.

鎌田美千子・仁科浩美（2014）.『アカデミック・ライティングのためのパラフレーズ演習』スリーエーネットワーク.

木下是雄（1994）.『レポートの組み立て方』筑摩書房.

佐藤勢紀子（1993）.「論文作成をめざす作文指導：目的に応じた教材の利用法」『日本語教育』79, 137-147.

佐藤勢紀子・大島弥生・二通信子・山本富美子・因京子・山路奈保子（2013）.「学術論文の構造型とその分布：人文科学・社会科学・工学 270 論文を対象に」『日本語教育』154, 85-99.

佐渡島紗織（2014）.「アカデミック・ライティング教育と情報リテラシー：《情報を再定義》し意見を構築できる学生を育てる」『情報の科学と技術』64（1）, 22-28.

佐渡島紗織・吉野亜矢子（2008）.『これから研究を書くひとのためのガイドブック：ライティングの挑戦 15 週間』ひつじ書房.

二通信子（2005）.「アカデミック・ライティング」独立法人国立国語研究所編『日本語教育年鑑 2005 年版』（pp. 29-41）くろしお出版.

二通信子（2006）．「アカデミック・ライティングにつながるリーディングの学習」門倉正美・筒井洋一・三宅和子編『アカデミック・ジャパニーズの挑戦』（pp. 99-113）ひつじ書房．

二通信子（2007）．「外からの情報を自分の文章にどう組み込んでいくか：アカデミック・ライティングにおける引用の学習」『2007年度日本語教育学会春季大会予稿集』，283-284．

松木正恵（2011）．「引用表現」中村明・佐久間まゆみ・髙崎みどり・十重田裕一・半沢幹一・宗像和重編『日本語文章・文体・表現事典』（pp. 110-111）朝倉書店．

村岡貴子（2014）．『専門日本語ライティング教育：論文スキーマ形成に着目して』大阪大学出版会．

山口治彦（2009）．『明晰な引用，しなやかな引用：話法の日英対照研究』くろしお出版．

山本富美子（2006）．「タスク・シラバスによる論理的思考力と表現力の養成」門倉正美・筒井洋一・三宅和子編『アカデミック・ジャパニーズの挑戦』（pp. 79-98）ひつじ書房．

山本富美子・二通信子（2015）．「論文の引用・解釈構造：人文・社会科学系論文指導のための基礎的研究」『日本語教育』160, 94-109．

吉村富美子（2013）．『英文ライティングと引用の作法：盗用と言われないための英文指導』研究社．

Bereiter, C., & Scardamalia, M.（1987）. *The psychology of written composition*. Hillsdale, N.J.: Lawrence Erlbaum Associates.

Hayes, J.R., & Flower, L.S.（1980）. Identifying the organization of writing processes. In L.W. Gregg & E.R. Steinberg（Eds.）, *Cognitive processes in writing*（pp. 3-30）. Hillsdale, N.J.: Lawrence Erlbaum Associates.

Kantz, M.（1990）. Helping students use textual sources persuasively. *College English*, 52(1), 74-91.

Kintsch, W.（1994）. Text comprehension, memory, and learning. *American Psychologist*, 49(4), 294-303.

Kintsch, W.（1998）. *Comprehension: A paradigm for cognition*. Cambridge: Cambridge University Press.

van Dijk, T.A., and Kintsch, W.（1983）. *Strategies of discourse comprehension*. New York: Academic Press.

# 第7章　表現の盗用
## ── 倫理問題と呼ばれる語学問題 ──

吉村富美子（東北学院大学）

## 1. はじめに

　盗用（plagiarism）は、研究データの捏造（fabrication）、改ざん（falsification）とともに、研究の3悪の一つに数えられる（Office of Research Integrity ［ORI］, 2011, April 25）。人の書いた文章はその人のアイディアを表すために、文章の盗用は、その著者のアイディアの盗用と同義とみなされ、倫理問題とされる。しかし、研究者の盗用の多くは、アイディアの盗用を含まない表現の盗用であると言われている（Roig, 2015）。そして、表現の盗用が発生する原因を考えると、語学の問題である場合が多い。この論文では、まず、盗用は倫理問題であるとみなされているが、その原因の多くが語学問題である点を指摘し、次に、その語学問題を解決するために、日本の大学において英語論文の書き方を教える語学教員がどのような指導を行うべきかについて私見を述べる。なお、この論文は、英語圏における盗用研究の知見を日本の英語教育にどのように応用できるかという視点から執筆した。

## 2. 倫理問題としての盗用

　盗用あるいは剽窃とは、どういう問題だろうか。他人の文章やアイディアは、著作権によって保護されている。したがって、他人の文章を自分の文章中に勝手に使用すれば、著作権違反（infringement of the copyright）となる。ただし、批評、コメント、報道、教育、研究等の特定の目的のためなら、他人の文章は一定の条件下で自分の文章中に使ってよいことになっている。これを fair use と言う。一定の条件とは、引用のルールを守って使用すればという条件である。基本的な引用のルールでは、

他人のアイディアや文章を引用する場合は、文中と参考文献表の両方に出典を明記し、直接引用の場合は引用符で引用部分を囲み、それ以外の場合は引用部分を自分の言葉で言い換えるか要約して紹介することになっている。この引用のルール違反が、盗用（plagiarism）である。著作権と引用のルールは、その目的が異なり、著作権の目的が著作者の権利を保護することであるのに対し、引用のルールの目的は、このルールを守るという条件の下で、著作物を使った自由な議論を促すことにある（Murrey, 2008, p. 176）。従って、引用のルールを守ることは、研究者が守るべき倫理規範である。日本語では著作権違反も引用のルール違反も「盗用」や「剽窃」と呼ばれるが、infringement of the copyright と plagiarism は異なるものであることをまず理解しなければならない。そして、この論文で扱うのは、研究の倫理違反としての盗用（plagiarism）問題である。

　一口に盗用といっても、その借用される文章の分量や変更の度合い、不正の意図の程度、出典記述の正確性によってさまざまなものがある。Howard（1995）は、盗用を3つに分類し、他人が書いた文章を自分が書いた文章として提出する行為を「ごまかし」（cheating）、他人の文章を自分の文章中に使う際に引用のルールに則っていない行為、例えば出典を書き忘れたり引用符をつけていなかったりといった行為を「出典無記載」（non-attribution）、引用に際して自分の言葉で説明しているはずの部分で原文の筆者の表現を十分言い換えていない行為を「パッチワーク文」（patchwriting）と呼んだ（p. 799）。また、Pennycook（1996）は、文章の盗用はアイディアの盗用と同義とされるが、分けることができる場合があると述べ、盗用を「アイディアの盗用」と「表現の盗用」に分けた（p. 223）。「アイディアの盗用」とは、他人のアイディアを表現を変更して自分のアイディアであるかのように提示することで、「表現の盗用」は、他人のアイディアをその人のアイディアとして紹介するものの、自分の言葉ではなく原文の記述をそのまま用いて説明することを指す。そして、Roig（2015）は、研究者の盗用の中で最も一般的なものは

表現の盗用であると述べる（p. 7）。盗用というと、ふつう私たちはアイディアの盗用をイメージする。また、アイディアが盗用されるから、不正行為とみなされる。しかし、個々の盗用の事例を見ていくと、必ずしもアイディアの盗用を伴うものばかりではない。盗用が倫理問題とみなされるがゆえに、誠実に研究を行っている人ほど自分には関係ないと考えてしまいがちだが、英語圏の価値観ではアイディアの盗用を含まない表現の盗用も倫理違反とみなされることを認識していなければならない。

では、なぜ表現の盗用も倫理問題とされるのだろうか。まず、引用のルールに則ると、他人の文章をそのまま使うのであれば、直接引用符をつけるべきだからだ。引用符がついていなければ、その部分はその論文の著者の言葉だと読み手は考える。この期待に反して他の文章からのコピー[1]が見つかれば、読み手はその研究者に対して不信感を抱く。この不信感は、ひいては研究社会全体への不信感につながっていく可能性がある。研究社会は、信頼に基づく社会であるので、その信頼感が失われたら、研究社会の存続自体が危うくなる。次に、研究者は、自分が発信する情報すべてに責任をもつべきだからだ。Harvey（2008）は、信頼できる文献を適切に引用し、「自分自身が信頼できる情報源であれ」（p. 1）と述べているが、たとえ他人の研究の引用であっても、書き手はその研究内容をよく理解し、その理解を自分の言葉で説明する必要がある。表現の盗用は、特に序論や文献研究部分によく現れる。論文を大まかに2つに分けると、先行研究を紹介しながら自分の研究の文脈を紹介する部分と自分の研究を報告する部分に分けられる。先行研究を紹介する序論や文献研究の部分は自分の研究報告部分ではないので、他人の書いた文章をそのまま使ってもよいと考える研究者が存在する[2]が、序論や文献研究の部分は、読み手に自分の研究の背景や文脈を伝える部分であり、書き手にとっても自分の研究の文脈の理解を確認する部分なのだ。この部分に他人の文章を写して使うということは、自分の研究の文脈を自分の言葉で説明するという論文の書き手としての責任を果たしていないと

英語圏ではみなされる。それだけではない。もし、出典を書かないで他人の書いた序論や文献研究を使うとすれば、先行研究をまとめるために行った原文の著者の努力を自分の努力のように見せかける行為となる。序論や文献研究を書くという作業は、先行研究を探して読んで理解し、自分が自分の研究の文脈をどう理解しているのかをよく考え、文章にまとめる必要があり、手間と時間がかかる。他人が行ったその手間と努力を自分が行ったかのように見えるように書くのは適切な行為とは言えない。これに加えて、現在における盗用発見の手がかりの多くが表現の重なり（Meuschke & Gripp, 2013）であるという理由もある。表現の重なりが見つかると、その論文が不正かどうかを精査する必要性が出てくる。場合によっては、その論文だけでなく他の論文も精査の対象となる。これには莫大な時間と手間がかかるので、研究社会に対する迷惑行為となる。

　以上のように、盗用はアイディアを盗む行為だから不正行為とみなされるのだが、表現の盗用に関しては、研究者や研究社会への信頼を失墜させる行為なので、たとえそこにアイディアの盗用がなくても倫理問題とみなされる。

## 3.　語学問題としての表現の盗用

　盗用は倫理問題とみなされているが、表現の盗用に関しては、その原因を考えてみると、語学問題である場合が多い。次に、なぜ表現の盗用が起きるのか、その原因を考えてみる。私は、日本人の書く英語論文における表現の盗用の主な原因は、自分の言葉で書くことの重要性に対する認識不足と英語論文の読み書きに必要な英語力不足の2つであると考えている。

　まず、日本人と欧米人の自分の言葉で説明することの重要性に対する認識は大きく異なるが、これは学習観の相違が原因であると考える。Ballad and Clanchy（1991）は、学習の捉え方は文化によって異なり、アジア等の文化を「繰り返しを重んじる文化」、欧米の文化を「分析的な

態度を重んじる文化」や「推測的な態度を重んじる文化」に分類した。「繰り返しを重んじる文化」における学習の目標は、正確な学習内容の理解であり、そこでは模倣や暗記といった学習方法が用いられる。これに対し、「分析的な態度を重んじる文化」では、学習内容に対して疑問をもち、分析・精査・再統合によって新たな知識を生み出そうとする。「推測的な態度を重んじる文化」では、これまでに世の中に存在しなかった全く新しい知識を創造することを学習の目的とする。この学習観の相違が、自分の言葉で書くことへの認識の相違を生み出しているのではないか。英語圏では、自分の言葉による説明が読解を促進することを示す実証研究が多く発表され（e.g., Chi, Leeuw, Chiu, & Lavancher, 1994 ; Katims & Harris, 1997）、自分の言葉で説明することを促す指導の理論的背景になっている。そして、例えばアメリカにおいては、国策として小学校から大学までのすべての教育過程において（e.g., National writing project, n.d.）、語学科目だけでなくすべての教科において（e.g., Wells, n.d.）、理解した内容を自分の言葉で説明させるという教育を行っている。これに対して、日本においては自分の言葉で説明することの重要性が議論されたことも、教育においてその意義が強調されたことも、ほとんどない。
　また、要約という課題の捉え方（task representation）[3]の相違も表現の盗用をひきおこしているのではないかと筆者は考えている。英語圏のアカデミックライティングの教科書のどれをとってみても要約の定義の中に「自分の言葉による説明」という条件が入っている一方、日本の教科書の中で「自分の言葉による説明」を要約課題で要求しているのはむしろ稀な方である。Hirvela and Du（2013）は、「原文、特に他の学者が原文に書いた複雑な主張を学者や大学生が理解したことを示す重要な指標は、原文で言われていることの要点を新たな方法でとらえる能力である。」（p. 88）と述べていて、英語圏の大学においては、自分の言葉で説明できることが重要視されていることを示唆している。
　ただ、「自分の言葉」という概念は捉えどころのない概念である。そこで、自分の言葉で書くとはどういう意味なのか、英語圏のアカデミッ

クライティングについての教科書やホームページ情報を基に考えてみる。Kennedy and Smith（2006）は、要約の方法を説明する中で、自分の理解を大まかに図式化することを勧めている（pp. 55-65）。文章を読んでそれを図式として表現できれば、自分が文章をどのような情報の関連性として理解したのか自分でも確認できるし、この作業を行うことで自分が書く文章は原文から離れたものとなる。Howard（2010）は、原文を見ないで要約を書くことを勧めている（p. 269）が、本当に理解していないと原文を見ないで説明することはできないし、原文を見なければ自分の中から取り出した言葉で説明するしかない。Hunter（as cited in Yamada, 2003）は、抽象度のレベルを変えて書くことを勧めている（p. 254）。つまり、論文にはアカデミック英語（academic English）が用いられるが、その特徴は、複雑な語彙の使用、名詞化[4]、複雑な文構造等によって情報が凝縮していることである。多くの場合、文章理解のためにはこの情報の解凍（unpacking）が必要となる。Hunter の説明からは、自分の言葉による説明とは文章内容をより具体的に説明できることや自分の文章の目的に適した抽象度のレベルで記述できるということを意味する。以上の要約法の説明をヒントにすると、自分の言葉で書くとは自分の理解がより明確に表れるように書くことだと解釈できる。私たちは、英語圏において自分の言葉で書くことの重要性がこれほど強調され、そのためにさまざまな指導の工夫が行われていることを認識しなければならない。そして、英語で論文を書いて発信する場合は、その論文の読み手はこのような教育的背景をもつ人たちだということを念頭に置いておくべきである。

　次に、英語論文の読み書きに必要な英語力不足の問題だが、自分の言葉で説明することや言い換えの重要性を認識していても、英語論文を正確に理解し適切に言い換えるのは、日本人にとっては容易なことではない。それは、記述する内容が抽象的で難解であるだけでなく、記述に用いられるアカデミック英語が難しいことにも原因がある。例えば、下の英文は（　）内の出典の記述を除いても 37 語が一文に詰め込まれており、

長く複雑な単語、形容詞や動詞の名詞化、複雑な文構造によって情報を圧縮している。この文を言い換えるためには、原文の正確な解読、解読に基づく具体的な内容理解、別の表現によるその理解の説明の3つのステップを踏む必要性があり、そこには英語力が大きくかかわる。

> The inherent centrality and pervasiveness of intertextuality practices in academic writing have led to quite intense research on the legitimate（e.g., Charles, 2006 ; Thompson, 2012）and illegitimate（e.g., Howard, Serviss, & Rodrigue, 2010 ; Pecorari, 2008）forms it takes in various genres and disciplines and on issues of legitimacy and control.
> （Shaw & Pecorari, 2013, p. A1 より）

　上記のように、盗用は倫理問題とみなされているが、表現の盗用においては、その原因を探ってみると語学問題に行きつく。そもそも自分で適切な英文を書くことができれば盗用などしない。適切な引用法と引用に用いる言い換えや要約の適切な方法を理解し、引用のルールに則って英語論文を書くことができれば、盗用という問題は起きない。不正の意図をもって盗用を行う学生や研究者も稀には存在するのかもしれないが、多くの場合、表現の盗用は倫理問題と呼ばれる語学問題なのだと思う。したがって、英語論文における盗用を防止しようとすれば、倫理面からの指導に加えて語学面からの指導が必要である。

## 4. 盗用と言われない英語論文を書くために語学教員が教えるべきこと

### 4-1. 書くことの意味を教える

　では、論文指導を行う大学の語学教員は何をどのように教えるべきなのだろうか。まず、研究論文を書くことが自分が行っている研究理解を深める重要な作業であることを教えるべきである。自分が行っている研究の意味やその文脈を説明できなければ、研究はただの作業でしかない。

人はすでに理解していることを文字として書きつけるわけではない。Bereiter and Scardamalia (1987) は、人は書くという作業を通して文章と深く関わり、理解を深めることができると述べる。実際、論文に自分の行っている研究を記述することは、手間と時間がかかるが故に、自分や他人の考えをさまざまな角度から検討したり、自分の行う研究や研究結果の意味について熟考する時間を与えてくれる。論文を書きながら、自分の行っている研究の意味が深く理解できたり、複雑な問題について理解を整理できた時の喜びは、研究の喜びの主要な部分を占める。アメリカの教育全般においてライティングが中心的な位置を占めているのは、このライティングの理解促進効果のためである。そもそも、盗用はこの貴重な機会を奪い、研究の喜びを減じるから避けるべきなのだ。従って、研究者でもある大学教員は、まず自分の言葉で自分の研究を語ることの重要性を学生に教えるべきである。

### 4-2. 引用のルールを教える

次に、他人の文章とアイディアはその人のものであり、自分の文中に勝手に使ってはいけないことを明確に教えなければならない。そして、盗用は引用のルール違反なので、まず明確に引用のルール（本稿第 2 節参照）を教えるべきである。ただ、引用のルールは、頭でわかっていても、自分の論文に適切に応用するのは難しい。したがって、教員はルールを説明するだけでなく、実際学生に引用文を書かせて、その中で引用のルールを適切に応用できているか確認するところまで指導する必要がある。

### 4-3. 文献研究のプロセスを教える

論文の中で引用が最も多く使われるのは、序論や文献研究の部分であるが、この部分は文章を書くのが難しいことに加えて、先行研究を探して読んで理解し、自分の主張との関係や文献同士の関係を考慮し、自分の研究の文脈として整理してまとめるという認知作業も難しい（e.g., Newell, Garriga, & Peterson, 2001）。この複雑さを少しでも減らすために、

第7章 表現の盗用

| | 序論・文献研究を書く前の確認事項 | ✔ |
|---|---|---|
| 1 | 研究課題に沿って、関連文献はできるだけ偏りなく、できるだけ多く収集し、読み、理解した。 | |
| 2 | 一つひとつの文献について、主張と結論は何か、それを支持するデータの信頼性はどの程度か考慮した。 | |
| 3 | 引用する可能性のある情報については、文献情報ノートと内容ノートを作成している。 | |
| 4 | 文献情報ノートには、詳しい文献情報（論文のタイトル、本や雑誌名、出版年、出版地、ページ等）を正確に書いている。 | |
| 5 | 内容ノートには、筆者の表現をそのまま写した部分、筆者の考えを自分の言葉でメモした部分、自分の考えを書いた部分を区別して記載し、文献名とページ番号を書いている。 | |
| 6 | 自分の研究課題に関わる先行研究の概要について、自分なりに理解した。 | |
| 7 | 先行研究のまとめのアウトラインはできていて、そこには先行研究の概要についての自分の理解が表れている。 | |
| 8 | アウトラインにどの文献のどの部分をどのように使うかを加えた引用計画はできている。 | |
| 9 | 先行研究と自分の研究との関連性を明確に理解し、自分の研究が研究分野全体にどのように貢献するのかを理解している。 | |
| 10 | 先行研究のまとめのアウトラインや引用計画は、首尾一貫している。 | |

**図1. 序論・文献研究部分を書く前の確認リスト**

| | 序論・文献研究を書いた後の確認事項 | ✔ |
|---|---|---|
| 1 | 文章はアウトラインや引用計画に従っている。（従っていない場合は文章かアウトラインのどちらかを書き直すこと。） | |
| 2 | 論点や引用部分のまとめは、自分の言葉で書いていて、そこには自分の理解や見解が明確に示されている。 | |
| 3 | 他の文献から得た情報は、引用方法（直接引用、言い換え、要約）に関わらず文中に出典を書いている。 | |
| 4 | 他の文献から得た情報を要約したり言い換えたりしている部分では、自分の言葉を使っている。 | |
| 5 | 自分の言葉で要約したり言い換えたりしている部分は、正確で効果的に原文の内容を伝えている。 | |
| 6 | 直接引用している部分には引用符（長い場合はブロック引用）を使い、原文通りに文章を写している。また、その前になぜその部分を引用したのかと、その後にその部分を自分がどう理解しているのかを自分の言葉で書いている。 | |
| 7 | 二次情報源からとった一次情報については、二次情報源から情報を得たことが分かるように書いている。 | |
| 8 | 文末に参考文献表をつけていて、その書き方は指定された書き方になっている。 | |
| 9 | 引用文献については、文中と参考文献表の文献が合致している。 | |
| 10 | 読み直してみて、文章が首尾一貫しているか、自然な流れになっているか、あいまいな部分や分かりにくい部分がないか、また、他人の文章と自分の文章を区別した書き方をしているかを確認した。 | |
| 11 | 全体的な文章が、研究分野の先行研究や関連研究についての自分の理解を反映している。 | |
| 12 | 言語の間違い（表現や文法間違い等）がないか確認した。 | |

**図2. 序論・文献研究部分を書いた後の確認リスト**

文献研究執筆のプロセスを分けてガイドしながら書かせるとよい。また、そうすることで、他の論文の文献研究部分を見てもわからない研究プロセスを「見える化」することができる。その具体的な方法の一つとしては、研究課題、アウトライン、文献ノート[5]、引用計画[6]、草案、編集された原稿、校正された最終原稿とそれぞれの提出期限を決めて提出させるという方法がある。こうすれば、学生は文献研究のプロセスがわかるし、時間管理の目安にすることができる。教員にとっても、学生が文献研究の中で行うべき小さい作業をきちんと行っていることを確認できるし、盗用（cheating）防止にもなる。文献研究の執筆前と執筆後に学生が確認すべき項目をチェックリストの形で示し、そのチェックリストを論文といっしょに提出させるという方法もある（図1，2参照）。

### 4-4. 英語論文を自分の言葉で言い換える方法を教える

他の研究者の書いた英語論文を引用するためには、直接引用符を使わないのであれば、自分の言葉で言い換えたり要約したりしなければならない。しかし、日本人にとって英語で適切に言い換えたり要約したりするのは難しい作業であるため、指導が必要である。指導においては、まず引用したい他の研究者の研究記述を英語力を使って正確に解読し、次に専門分野の知識を用いて文章が指し示す具体的な内容を理解し、そしてその自分が理解した内容を自分の言葉で説明するという、言い換えの主なプロセスを分けて指導するとよい。下は、Keck（2010）の言い換え例を参考に著者が考えた言い換えの方法[7]である。

（1） 文を短く「意味のまとまり」（chunk）に分け、述語動詞を中心にその前にある主部と to の目的語に分ける。

　例．International differences/ in the standards of appropriate citations// may also <u>contribute to</u>// ESL students' susceptibility/ to plagiarism,// as reported by Heitman and Litewka（2011）. (Yoshimura, 2015, p. 39)

（2） 単語を分解したり名詞化表現を元の形に戻したりしてみる。

● differences（相違）→different（違っている）→differ（違う）→ 何がどのように違うのか？
→The standards of appropriate citations differ among nations.（適切な引用の基準は国によって異なっている。）
● susceptibility（受けやすいこと）→susceptible（受けやすい）→ 誰が何を受けやすいのか
→ESL students are susceptible to plagiarism.（第二言語学習者は盗用を疑われやすい。）
● as reported by Heitman and Litwka（2011）
→Heitman and Litewka（2011）reported something relating to the statement.

（3）　上記の方法で主な情報を取り出したら、一度英文から目を離し、その指し示す具体的な内容を考えてみる。

　適切な引用の基準が国により異なることと第二言語学習者が盗用を疑われやすいということは原因と結果の関係にある。Heitman and Litewka（2011）の研究ではそれに関係した内容が報告されたのだろう。

（4）　3つの情報の関係性を考えて、接続詞などで関係を示してみる。下では、because と also で関係を示した。

　　言い換え例．<u>Because</u> the standards of appropriate citations differ among nations, students who study English as their second language are susceptible to plagiarism.　Heitman and Litewka（2011）<u>also</u> reported an example relating to this.

　なお、アカデミック英語については、ネットで academic English, academic writing, nominalization などのキーワードで検索すると、多くの英語圏の大学や大学図書館、大学のライティングセンターが情報提供を行っている。それは、英語を話し慣れたネイティブにとっても、これらの表現を使いこなすのは難しいからである。外国語として英語を学ぶ日本人大学生には、なおさら難しい。一口に英語といっても、話し言葉と

書き言葉はその特徴が異なる（e.g., Schleppegrell, 2004）。書き言葉の中でも論文の英語は一層難しいので、指導が必要である。

4-5. 英語学習と盗用を避けることを両立させる

日本人大学生や大学院生にとっては、英語は借用語であり学習途中でもある。しかも、英語論文にはアカデミック英語が使われ、その読み書きは極めて困難だ。しかし、盗用の指摘を避けるためには、大学のレポートや大学院の論文は自分の言葉で書くことが求められる。学生たちは、英語を十分に習得していない段階で自分の中から出てきた英語で難解な研究内容を説明するという、難しい要求をつきつけられることになる。

Howard（1995）は、パッチワーク文を書くことは貴重な学習の機会で、誰もがこの段階を経て論文にふさわしい表現の仕方を身につけていくと述べる（p. 788）。盗用は、不適切な引用を指すが、最初から適切な引用文が書ける人はいない。適切な引用や適切な文章は、学習して身につけるべきものである。したがって、大学生や大学院生に指導する場合、適切な引用かどうかという視点に加えて、学生の学習段階を考慮し、今学生が行っているのが適切な学習かどうかという視点から考えることも必要である。

盗用をしないようにと言うと、他人の用いた表現を使ってはいけないことのように聞こえるかもしれないが、一般的な表現で短い表現を学んで自分の文章に用いることは差支えない。引用のルールでも、専門用語、一般的な知識、一般的な表現は、出典を書かずに文章中に用いてよいことになっている。むしろ、日常的に英語表現を学び自分の英語表現の幅を広げておかないから、自分が論文を書く時に他人の文章に依存してしまうのである。そして、その表現が書き手の理解を示していないとか、書き手が表現を十分理解して使っていないと読み手に感じさせることが問題なのだ。研究論文の書き方や好まれる表現は研究分野ごとに異なるので、教員がすべてを教えることはできない。学生には、論文から自分で書き方を学ぶ方法も教えるべきである。

第 7 章　表現の盗用

　では、論文から何をどのように学ぶべきなのか。自分の研究分野の論文で短めのものを 2、3 本読み、そこから文章構造[8]や英語表現[9]を取り出して学ぶ。読む時は、まず丁寧に辞書を引き、単語がどのように他の単語と組み合わさって全体的な意味を表しているのかを分析しながら読む。読んだ後で、そこから文章構造や表現を取り出す。論文の文章構造は研究の考え方ややり方を表すので、文章構造を学ぶことは研究内容や方法を学ぶことにもなる。論文のどの部分にどのような情報が含まれるかを学んでおけば、自分が論文を書く時の枠組みとすることもできる。英語表現については、大きなまとまりではなく小さい意味のまとまり（chunk）として学ぶと、他の表現と組み合わせやすく、自分の主張のための言語材料（building block）として使いやすい。Coulthard（2004）は、2 つの文章において偶然同じ表現が用いられる確率は、一続きの単語数が多くなればなるほど低くなると述べている。表現が長くなればなるだけ、アイディアの盗用になりやすいし、伝えることができる意味も限定されていく。短い表現であれば、組み合わせによってさまざまな意味を伝えることができる。論文のセクションごと（introduction, method, result, discussion など）に学んだ英語表現をメモしていって、日頃から自分の英語論文表現集を作成しておくと、自分が論文を書く時の材料となる。

　以上、語学教員が教えるべきだと私が考える主な項目をまとめた。これらの項目を明示的に説明し、その説明を学生が自分の論文を書く時に応用させ、適切に書けるようになるための試行錯誤の時間を与える必要がある。その学習途中では、他人の文章から適切に学ぶことができず、表現の盗用やパッチワーク文が出現するかもしれないが、長期的な視点から見守るべきである。学習の早い時期から盗用を避けることを強調しすぎると、学生が委縮してしまい、必要な英語表現を学べなかったり、書くことの本当の意味を学び損ねたりする可能性がある。ただし、表現の盗用やパッチワーク文は、将来的には受け入れられなくなることは、早い時期から教えておいたほうがよい。

## 5. 終わりに

　この論文では、盗用は倫理問題とされているが、表現の盗用に関しては、その主な原因は語学問題であるので、語学面からの指導が必要であると主張した。アカデミック英語を使用して研究内容を説明したり、適切に他の論文を要約したり言い換えたりすることは、それほど難しいのだ。さらに、Pecorari (2001) が英語圏の大学を対象に行った調査では、54校からの回答の中で不正の意図のない盗用もありうると規定に書かれているのはたった11しかなかった。つまり、盗用が見つかれば自動的に不正の意図があると判断される場合のほうが多いということだ。日本人大学生は、母語でも自分の言葉で書くことを教育されておらず、文献研究のプロセスどころかライティング・プロセス[10]すら学んでいない学生がいる。これに加えて、英語力が不足している場合も多い。自分では不正の意図がなくても、盗用を疑われるような書き方をしてしまいがちである。語学教員は、この英語論文執筆の難しさ、引用のルールを自分の論文に応用することの難しさ、文献研究にかかわる認知作業の難しさ、引用で用いられる自分の言葉による言い換えや要約の難しさを十分考慮して、丁寧な指導を行う必要がある。

　今回、発表倫理という枠組みの中でこの論文を発表する機会をいただいたのは、たいへん有り難かった。倫理教育と語学教育は別個に扱われるきらいがあるが、この両方が機能して初めて学生の盗用を減らすことができると考えるからだ。この企画をしていただいた菅谷奈津恵先生と羽田貴史先生には、お礼を申し上げる。なお、英文ライティングにおける表現の盗用についての研究の詳細は、拙著『英文ライティングと引用の作法―盗用と言われないための英文指導』にまとめている。

【注】
1) 最近、自己盗用（自分が以前書いた論文のデータや文章の全部や一部を他の論文に使うこと）が問題となっているが、以前の論文と現在の論文両方の編集長

の許可をもらい、読み手にその部分が他の論文の転用であるという記述を加えることで盗用とはならない場合もあるので、編集長に相談するとよい（Roig, 2015, p. 18）。

2) アメリカの研究の倫理機関は、実証研究論文の一般的な研究方法や先行研究の紹介部分については、「読者に重大な誤解を生じさせるとは考えにくいので、原文と同じ、またはほぼ同じ表現の一定の使用を追跡しない」としている（ORI, as cited in Roig, 2015, p. 14）。つまり、かなりの分量の文章を借用して自分の文章中に用いても研究不正とはみなさないということである。その理由は、次の通りである。特に理系の論文は専門用語の使用率が高く、情報の凝縮度が高い。言い換えることによって本来の意味が通じなくなる可能性がある。しかも、論文中に直接引用符を使う慣習がない（Hyland, 2004, p. 26）。しかしながら、この行為は、盗用の一種であることに変わりはない。最終的に不正判定は降りなくとも、避けるべきである。

3) 課題の捉え方（task representation）は人によって異なるが、課題の捉え方は課題への関わり方全般に影響を与え、その結果、書きあがった課題の出来に影響を与えると言われる（Flower et al., 1990）。

4) 名詞化（nominalization）、または、文法的メタファー（grammatical metaphor）とは、本来動詞や形容詞であるものを名詞に品詞変換することである。名詞化されることで文中の主語や目的語、前置詞の目的語の位置にその情報を置くことが可能になり、一文中により多くの情報を凝縮することが可能になる。（Schleppegrell, 2004, pp. 71-74）

5) 文献ノートとは、文献を読む際にインデックスカード等に重要な情報や文章を書きとめておいたメモのことである。文献名とページ番号を記載し、直接引用と自分の言葉による言い換えや要約かを区別してメモしておくことが大切だ。

6) 引用計画とは、序論や文献研究のアウトラインにどの文献のどの部分を引用するのかの引用情報を加えたものである。

7) ここでは、一文レベルの言い換えの例を示したが、言い換えとは、一文一文の指し示す意味をすべて他の表現を使って説明することではない。引用部分全体が指し示す具体的な内容を、自分の中から出てきた言葉を使って説明することである。

8) 文章構造に注目して読み書きすることを「レトリカル・リーディング」（rhetorical reading）と言う。（Carrell, 1992 ; Carrell & Conner, 1991）。

9) Greene（1993）は、これを「採掘」（mining）と呼び、後で自分が文章を書くときに役に立ちそうな表現を読んだ文章から取り出して学ぶことを推奨している（p. 36）。

10) アメリカでは、文章を書かせる場合、書く内容の構想をメモしたアウトライン（outline）、それを文章化した第一原稿（the first draft）、第一原稿を推敲した第二原稿（the revised draft）、内容だけでなく英語表現や文法的適切さも訂正した校正原稿（the proofread draft）のように、文章を書くプロセスを分けて指導す

る方法が一般的である。このように書くプロセスを分けることで、ワーキングメモリに一度にかかる負担を減らすことができる。

## 【参考文献】

吉村富美子（2013）．『英文ライティングと引用の作法：盗用と言われない英文指導』東京：研究社．

Ballad, B., & Clanchy, J. (1991). Assessment by misconception: Cultural influences and intellectual traditions. In L. Hamp-Lyons (Ed.), *Assessing second language writing in academic contexts* (pp. 19-35). Norwood, NJ: Ablex.

Bereiter, C., & Scardamalia, M. (1987). *The psychology of written composition.* Hillsdale, NJ: Lawrence Erlbaum Associates.

Carrell, P.L. (1992). Awareness of text structure: Effects on recall. *Language Learning, 42,* 1-17.

Carrell, P.L., & Conner, U. (1991). Reading and writing descriptive texts. *Modern Language Journal, 73,* 121-134.

Chi, M., Leeuw, N., Chiu, M., & Lavancher, C. (1994). Eliciting self-explanations improve understanding. *Cognitive Science: A multidisciplinary Journal, 18*(3), 439-477.

Coulthard, M. (2004). Author identification, idiolect, and linguistic uniqueness. *Applied Linguistics, 25,* 431-447.

Flower, L., Stein, V., Ackerman, J., Kantz, M.J., McCormick, K., & Peck, W.C. (1990). *Reading-to-write: Exploring a cognitive and social process.* New York, NY: Oxford University Press.

Greene, S. (1993). Exploring the relationship between authorship and reading. In A.M. Penrose & M.M. Sitko (Eds.), *Hearing ourselves think: Cognitive research in the college writing classroom* (pp. 33-51). New York: Oxford University Press.

Harvey, G. (2008). *Writing with sources: A guide for students* (2nd ed.). Indianapolis, IN: Hackett.

Heitman, E. & Litewka, S. (2011). International perspectives on plagiarism and considerations for teaching international trainees, *Urologic Oncology: Seminars and Original Investigations, 29,* 104-108.

Hirvela, A., & Du, Q. (2013). "Why am I paraphrasing?": Undergraduate ESL writers' engagement with source-based academic writing and reading. *Journal of English for Academic Purposes, 12,* 87-98.

Howard, R.M. (1995). Plagiarism, authorships, and the academic death penalty. *College English, 57,* 788-806.

Howard, R.M. (2010). *Writing matters: A handbook for writing and research.* New York,

NY : McGraw-Hill.

Hyland, K. (2004). Disciplinary discourses : Social interactions in academic writing. Ann Arbor, MI : The University of Michigan Press.

Katims, D.S., & Harris, S. (1997). Improving the reading comprehension of middle school students in inclusive classrooms. *Journal of Adolescent & Adult Literacy, 41*(2), 116-123.

Keck, C. (2010). How do university students attempt to avoid plagiarism? : A grammatical analysis of undergraduate paraphrasing strategies. *Writing & Pedagogy, 2*(2), 193-222.

Kennedy, M.L., & Smith, H.M. (2006). *Reading and writing in the academic community* (3rd ed.). Upper Saddle River, NJ : Pearson Education.

Meuschke, N., & Gipp, B. (2013). State-of-the-art in detecting academic plagiarism. *International Journal for Educational Integrity, 9*(1), 50-71.

Murray, L.J. (2008). Plagiarism and copyright infringement : The costs of confusion. In C. Eisner & M. Vicinus (Eds.), *Originality, imitation, and plagiarism : Teaching writing in the digital age* (pp. 173-182). Ann Arbor, MI : The University of Michigan Press and the University of Michigan Library.

National Writing Project. (n.d.). Retrieved from http://www.nwp.org/

Newell, G., Garriga, M.C., & Peterson, S.S. (2001). Learning to assume the role of author : A study of reading-to-write one's own ideas in an undergraduate ESL composition course. In D. Belcher & A. Hirvela (Eds.), *Linking literacies : Perspectives on L2 reading-writing connections* (pp. 164-185). Ann Arbor, MI : The University of Michigan Press.

Office of Research Integrity (ORI). (2011, April 25). Definition of research misconduct. Retrieved from http://ori.hhs.gov/definition-misconduct

Pecorari, D. (2001). Plagiarism and international students : How the English-speaking university responds. In D. Belcher & A. Hirvela (Eds.), *Linking literacies : Perspectives on L2 reading-writing connections* (pp. 229-245). Ann Arbor, MI : The University of Michigan Press.

Pennycook, A. (1996). Borrowing others' words : Text, ownership, memory, and plagiarism. *TESOL Quarterly, 30*, 201-230.

Roig, M. (2015). Avoiding plagiarism, self-plagiarism, and other questionable writing practices : A guide to ethical writing. Retrieved from http://ori.hhs.gov/sites/default/files/plagiarism.pdf

Schleppegrell, M.J. (2004). *The language of schooling : A functional linguistics perspective.* New York, NY : Routledge.

Shaw, P & Pecorari, D. (2013). Source use in academic writing : An introduction to the special issue. *Journal of English for Academic Purposes, 12*, A1-A3.

Yamada, K. (2003). What prevents ESL/EFL writers from avoiding plagiarism? : Analyses of 10 North-American college websites. *System, 31*, 247-258.

Yoshimura, F. (2015). Japanese university students' experience with and perceptions of citations in academic writing. *Journal of Institute for Research in English Language and Literature, 40*, 37-62.

Wells, J. (n.d.). Writing across the curriculum : An introduction. Retrieved from https://owl.english.purdue.edu/owl/owlprint/671/

# 付録　盗用を定義し避ける
―― 優れた実践に関する WPA の声明 ――

監訳：吉村富美子（東北学院大学）
翻訳：菅谷奈津恵（東北大学）

　教師やライティングプログラムの管理者（以下、管理者）にとって、盗用は常に懸念すべき問題である。それは、学生の提出物が本人の努力を示したものであってほしい、学習成果を反映したものであってほしいと願うからだ。しかし、インターネットの出現で、ありとあらゆるテーマについて膨大な文書に容易にアクセスできるようになった今日、どの学年を教えていても、教師は学生が盗用するかもしれないと疑わざるを得ない。そのために、学生の読み書き能力や批判的思考力を伸ばすという本来の仕事に注力できなくなってしまうこともある。

　当声明は、盗用への教育上の懸念の高まりに対して、以下の4つの方法で回答するものである。その方法とは、盗用を定義すること、盗用の原因を示すこと、盗用の問題に関する学生や教師、管理者の責任を提示すること、盗用の可能性を大幅に減ずる教育と学習の実践法を提案することである。当声明は、教師や管理者、学生が、優れた教育と学習の推進においてより効果的に協働できるよう、有益な助言と説明を提供することを目的とする

## 1.　盗用とは何か
　教育の場では、盗用は多面的かつ倫理的に複雑な問題である。しかし、盗用の定義が管理者や教師、学生に有益なものとなるには、その定義が使われる社会的文脈の中でできるだけ簡潔で直接的なものでなければならない。

> 定義：教育の場において、書き手が他者の言葉やアイデア、（一般常識でない）その他の独創的な資料を、出典を明記せずに故意に使用する際に、盗用が生じたとする。

この定義は、印刷物やインターネット上の文章、原稿、他の学生の提出物に適用される。

最近の盗用に関する議論の多くで、以下の1と2が区別できていない。
1. 他者の文章を自分のものとして提出したり、自分自身のアイデアや言葉と他の資料から借りたアイデアや言葉との区別を曖昧にしようとしたりすること。
2. 他の資料から借りたアイデアや言葉の引用が不注意、または不十分になされること。

こうした議論の中では、「盗用」と「資料の不適切な使用」が混同して使われている。

　倫理的な書き手は、ライティングの文脈やジャンルに従って、引用の出典を十分かつ適切に示すようあらゆる努力をする。学生が、拙くとも自分の文中で引用を示してその出典を記そうとした場合、特定の引用形式の使い方が適切でなかったり、その部分が他の情報源から取ったものだとわかるように引用符をつけたり等の引用の表記方法が不正確だったりしても、盗用とはみなされない。その代わり、こうした学生は、引用や出典の明記が適切にできなかったとみなされるべきである。

## 2.　盗用したり適切な引用ができなかったりする原因は何か

　学生が自分の行為が盗用だと認識している場合、例えば、既発表の情報を自分自身のものであると主張するために出典を明示せずに自分のレポートにそのまま写して用いたり、他の学生が書いたものを自分のレポートとして提出したりする場合には、この行為は不正行為に当たる。

どのような弁明もこうした行為が示すような倫理違反を減じることはないが、なぜ学生が盗用をするかを理解することで、教師は自分のクラスで盗用が生じる機会をいかに減らせばよいか検討することができる。

- 学生が、自分の提出物が「不可」となることや、「不可」となるリスクを冒すことを恐れている。
- 時間管理のスキルが不足していたり、文献研究にかかる時間と労力を適切に見積もることができなかったりして、盗用するしか選択肢がないと学生が考えている。
- 学生がその授業やその課題、学術的引用の慣習、盗用によりもたらされる結末を軽視している。
- 教師が出す課題がありきたりな課題なので、学生のほうもできあいの回答を提出してもよいと考えている。
- 盗用が生じた場合に、教師や教育機関がその報告を怠ったり、適切な罰則を科さなかったりする。

学生が出典を示そうと誠実に努力した場合、たとえそれが不十分だったり不適切だったりしても盗用とはみなされない。これは、学生が出典の書き方の慣習を知らないか身につけていないなど、以前の教育と学習によるところが大きい。以下の条件や実践は、当声明が定義したような盗用と間違われる可能性のある文章を生み出す。

- 学生が、どのように他者のアイデアを自分の文章に組み込み、自分の文章中でどのように出典を示すべきかを知らない。
- 学習途中において誤りはつきものなので、学生が他者の言葉やアイデアを自分の文章に組み込む方法を学ぶときに間違ってしまう。
- 学生が文献研究の時にどうすれば注意深く完璧なノートが取れるかを知らない。
- 学生がそれまでに受けた教育や他の文章を書く場面における教師や管理者の定義と、学会員や研究者の盗用の定義とが異なっていたり、後者がより厳格であったりする。

- 学生が既に研究と引用の学問的慣習を学んでいると、大学教師が思い込んでいる。
- 文献研究や引用の方法を学ぼうとする学生を、大学教師が支援しない。それどころか、文献研究を必要とするライティング課題を課し、教えなくても学生は適切に引用できると考え、レポートの初心者がこうした課題をうまく行う難しさを理解できていない。
- 他文化から来た学生が、アメリカの大学における引用と盗用にまつわる慣習になじんでいない。
- 他者の表現やアイデアを自分のものとして使うことは、ある種の文章を書く場合には許容される（例えば、組織の文書など）。大学関係者が考えるほど盗用と引用の概念は明瞭でなく、そのために、出典表記の慣習がライティングの文脈によって異なることを学んでいない学生が混乱している。

## 3. 学生・教師・管理者の共同責任は何か

　課題が非常に一般的でそのクラスのために作成されたものでない場合や、盗用や適切な出典の表記について指導がない場合、学生が執筆-改稿の反復過程を指導されていない場合には、教師は教育者としての指導的役割ではなく、しばしば「盗用取締官」として敵対的な役割を担うことになる。学生が学習者として倫理的かつ誠実に行動する責任があるのと同様に、教師も盗用にかかわる方針作成や警告によってだけでなく、課題の出し方によって、また、学生がレポートやプロジェクトのテーマを定義し興味が抱けるように補助する過程において、盗用を助長したり阻止したりできることを認識すべきだ。

　学生は文献研究の課題を、真正かつ厳密な探求と学びの機会として理解しなければならない。そのような理解は以下を含む。
- 研究テーマに関連すると自分が判断した複数の資料を、収集して分析すること。

- いつどのように他者のアイデアや表現を使っているのかを明確に示すこと。
- 自分の研究分野に適した引用方法と出典の表記方法を学習すること。
- 他者の資料が自分の意見や文章にどう貢献したかを示す方法に自信がない場合は、教師に相談すること。

　教師は学生が単に情報を再利用するだけでなく、資料を調査・分析することを促すような課題の出し方と内容を考える必要がある。これは以下を含む。
- モデル文の分析や、個別相談やグループ相談、相互評価など、文献研究への支援を授業に組み込むこと。
- 引用方法と盗用防止についての方針や期待を文章の形で示すこと。
- 学生の研究分野における引用と出典表記の慣習を教え、そうしたスキルを練習させること。
- 学生ができあいの回答を書いたり盗用したりするような、使い回した課題やありきたりの課題は出さないこと。
- 学生にライティング途中で行うべき個々の作業に取り組ませること。その際に産出されるメモや草稿、修正稿などは盗用しにくい。
- 資料を引用し分析する際に学生が遭遇しうる問題について話し合い、こうした問題を避けたり解決したりするための方法を教えること。
- 盗用が疑われるレポートについて、意図的に欺こうとしたものかどうか判断するために、それを提出した学生と話し合うこと。
- 盗用の疑いのある事例が発生した場合、しかるべき組織の管理者や審査委員会に報告すること。

　管理者は、学問的誠実性を重んじる環境をプログラム全体、あるいは大学全体に創出する必要がある。これは以下を含む。

- 学問的不正が疑われる事例の調査手続きと罰則に加えて、倫理的な研究を行うための方針と期待を公表すること。
- 引用の仕方でわからない点がある学生に対して、(例えばライティングセンターやホームページを使っての) 支援を提供すること。
- 学問的誠実性や研究倫理、盗用についての教師と学生の話し合いを支援すること。
- 教師に対する学生比率の高さなど、労働条件をきちんと把握し改善すること。教師に対する学生比率が高い場合は、個別指導の機会を作りにくく、学生のレポートを短時間で機械的に扱わなければならなくなる。
- 教師が自分のライティング指導を振り返り、必要に応じて指導法を変えられるよう、FD研修の機会を提供すること。

## 4. 優れた実践

　大学で出されるレポート課題を行うためには、目標設定、執筆、フィードバックの提供と使用、修正、編集という一連の過程を経なければならない。課題を効果的なものとするためには、その課題を書く状況を作り出し、書いた文章にフィードバックを与えたり、学生が書いた文章を修正したりできるよう、十分な時間的余裕を組み込まなければならない。以下に示す方法は、これらを実行すれば盗用を完全に防げるという保証はない。だが、研究過程にある学生を支援する際に以下を取り入れれば、盗用しにくくなるか、盗用する必要がなくなるという方法である。

(1) 盗用について説明し、明確な方針を作ろう
- 盗用するということがどういうことか、盗用の根底にある意味について話す。研究の目的は、日常生活の中で見過ごされやすい問題について、書くことを通して目的意識をもって学問的に議論することであることを学生に認識させる。他者の研究成果を理解し、発展させ、対話を行い、異議を唱えることは、複雑な社会の中で有能な市

民となることにも通じる。盗用は、単に教育機関とその機関が出す学位の価値を低めるだけにとどまらない。自分の頭で考えることをせず、より広い社会的会話に参加する機会を失うという点で、本人も損失を被るのだ。
- 引用に関する方針をシラバスに記載し、クラスでそれを議論する。他の人が書いたレポートを提出するなどの盗用を行った場合と資料の不適切な使用や不正確な引用を行った場合に、どのような結末になるかを明確に示した方針を規定する。
- 大学に規定がない場合は、すべての学生が同意する倫理規定や、盗用の事例を聴取する判定委員会、学生・教師間の訴えを聴取するため学科のオンブズパーソンを制定する。

(2) 課題の出し方を改善しよう
- 学生が深くテーマを掘り下げなければならないように課題を出す。研究課題とテーマは、探究の原理と、そのテーマについて何らかの発見をする真の必要性に基づいていなければならない。そして、探索または議論の形で、そのテーマを提示しなければならない
- 候補となるテーマの設定を早めにする。よいレポートには、取り組むテーマについての十分な理解が反映されているものである。テーマをじっくりと探求する時間を学生に与え、おおまかなアイデアから具体的な研究課題へと焦点を絞れるよう支援すれば、学生は独自の研究を行うことができるし、研究を進行させていることの証拠となる。
- 授業テーマをどうするか検討し、学生がそのテーマの下で新しいアイデアを学び独自の研究を開始できるように、具体的な問いを決めさせる。「リテラシー」や「大衆文化」といった授業テーマにすれば、学生や教師は、読んだり書いたり研究したりしながら、専門知識を養い、支援し合うことができる。キャンパスや、キャンパスが位置する地域・都市などのローカルな文脈にテーマを限定すると、学生

の生活により密接に結びついた課題となる。学生が授業テーマの中で自分のトピックを決めたら、選択したトピックについてよく考えさせる。例えば、文献研究を始めるときに学生がそのトピックについて既にどんなことを知っているか、どのような新しいアイデアを研究途中で学んでいるか、どのような新しい研究材料を発見しているかなどを考えさせる。

- 学生が自分の決めた研究トピックに取り組む際に、試行錯誤したり、教師の支援を受けたりできるよう、時間的余裕のあるスケジュールを組む。研究者は自分の研究材料について学ぶなかで、新しく予期せぬ疑問や興味を見出すものである。しかし、学生が研究をする場合、その課題に無限の時間が割けるわけではない。ある時点でレポートの焦点を決めなければならない。（時には図書館やコンピュータリソース・センターで行われる）学生との面談は、学生がレポートの焦点をより精度の高いものにし、研究を開始できるようにする上で非常に貴重な機会だ。

- 研究過程の各ステップを支援する。学生は研究の計画や実施をした経験がほとんどない場合が多い。研究計画ガイドや授業内の活動、ポートフォリオを使用して、教師は学生の作業を個々のステップに分け、発想から原稿執筆、推敲と校正の各段階で支援を行うべきだ。学生のメモが書き込まれたテキストのコピーなどの途中原稿を収集すると、教師にとっては学生自身がその文章を書いたという証拠となり、また、課題を研究過程の各要素に分解することに役立つ。自分の研究の進捗状況を振り返って書く報告文など、点数や成績にあまり関係のない文章課題を研究過程に組み込めば、教師は学生の進捗状況をチェックしながら効果的に指導することができる。

- 研究過程とその過程で使用する情報技術を可視化する。コンピュータやファックス、コピー機、電子メールなどの様々な技術が、どのように情報の収集や統合に影響するか、こうした技術が盗用にどのような影響を与えるかを学生に考えさせる。

・異なるジャンルのライティングの慣習に注意を向ける。日常的に学術的文章を読み書きする者として、教師は異分野間の慣習の違いや、時には専門分野内での違いに敏感である。しかし、学生はこれらの違いに気づいていない可能性がある。学術的文章の精読など、学生が異なる分野における慣習を分析し、検討できるような活動を計画する。

(3)　引用資料と読んだものの使い方に注意を向けよう
・様々な資料を活用し引用するよう、学生に求める。体系的な観察やインタビュー、簡単なアンケート、その他の収集方法によるデータなどの追加資料を、課題に取り入れる。様々な資料を組み込むことによって、学生は種々の情報を収集・評価し、読み取って活用する方法を身につけることができる。また、より生き生きとした独創的なレポートを作成することにもつながる。
・慣習を考慮する。適切な引用ができるかどうかは、学生がライティングに用いるジャンルの慣習に精通しているかどうかによる。学生がこうした慣習に精通し、いつどこでその慣習を用いるべきかきちんと理解して選択ができるような活動を計画する。
・資料をどう評価すべきかを学生に示す。クラスディスカッションや電子的コース管理プログラム、インターネットのチャットスペース、内省課題等を活用し、自分が収集した資料の内容や文脈の質について話し合う機会を学生に与える。自分の主張を支えるため、そして文献研究を記録するために、収集した資料をどう用いるか、学生と話し合う。
・読み方に焦点を当てる。しっかりとした研究レポートを作成する上で、適切に読むことは、適切に書くことと同様に重要である。学生が注意深く読むことができ、研究プロジェクトに読んだものをどう使用するか、あるいは使用すべきかどうか考えられるように、読み方についての学生の発見を助ける方法や活動を開発する。

(4) 盗用に責任をもって取り組もう
・資料の誤った使用と盗用を区別する。学生が不適切に資料を使用したとしたら、資料の正しい使用法を理解していないと考えられる。この場合は、学生が正確に資料を組み込み引用する方法が理解できるよう支援する。資料が不適切に使用された部分を書き換えるよう、学生に求める。
・学生に資料の提示を求める。学生のレポートに盗用の疑義が生じた場合、その件について学生本人と話す。途中段階の産出物（資料、要約、草稿など）を提示させ、それが草稿にどうつながったか、研究過程を順を追って説明するように学生に求める。学生にそれができない場合は、シラバスに（そしておそらく、所属機関によって）記載されている盗用の結末について話し合う。学生と話をした上で、提出レポートの調査を進めたい場合には、学生が使用していそうな資料を参照し、資料を写したという証拠を探す。
・盗用検出サービスは慎重に使用する。こうしたサービスを使いたい気持ちは理解できるが、このようなサービスは必ずしも信頼できるというわけではない。また、盗用検出サービスが使用できるとしても、当声明に記載したような責任ある指導をしなくていいということにはならない。

(5) 適切な懲罰を与えよう
・大学のガイドラインに注意を払う。多くの大学は、学問的不正を追求する手順を、明確に規定している。何らかの行動を起こす前に、ガイドラインを読み、理解していることを確認する。
・懲罰の目的を考える。学生が盗用を行った場合、学生がその経験から何を学ぶべきか考える。レポートに落第点をつける、その授業を不合格にする、謹慎処分にする、あるいは除籍処分にするとよい場合もあれば、研究を最初から最後までやり直させることが同じくらい有効な場合もある。

(Council of Writing Program Administrators (2003, January). Defining and Avoiding Plagiarism : The WPA Statement on Best Practices, http://wpacouncil.org/positions/WPAplagiarism.pdf より)

# おわりに

菅谷奈津恵（東北大学）

　本書では、発表倫理にまつわる諸問題について、異なる視点、立場から論じてきた。そこから浮かび上がるのは、所属組織や分野を超えた共通理解は、一朝一夕では構築できないということである。第1章、第2章では、オーサーシップの重要性が指摘されていたが、羽田氏が指摘するように、適切な著者の基準が定着するには時間を要する。また、責任ある研究と一言で言っても、研究の進め方や成果発表のあり方には、学問分野ごと、あるいは個人ごとの認識の隔たりがある。本書の3章、4章では、それぞれ生命科学分野、人文社会科学分野の事例が報告されていたが、研究環境と慣習の違いは鮮明である。盗用の問題についても、第2部で挙げたような言語教育面での指導の意義は、なかなか理解されないことが多い。

　だが、マイナス面ばかりではない。山崎（2013；2015）や東北大学高度教養教育・学生支援機構（2015）などの研究倫理に関する書籍が相次ぎ出版される事実が示すように、責任ある研究推進の重要性は着実に浸透している。文部科学省の研究倫理ガイドラインの改訂版が公表されるにともない（文部科学省，2014）、各大学では規定作成や組織作り、教育制度の整備も進められている。

　東北大学高度教養教育・学生支援機構においても、学部生向けの研究倫理教材として、2種類の小冊子の開発を進めている。教材は、2017年度の入学者から配布を行うことになっている。

　その1点目が、『あなたならどうする？誠実な学びと研究を考えるための事例集』と題する冊子である（東北大学学務審議会，東北大学高度教養教育・学生支援機構，2017a）。当冊子は、大学生が遭遇しうる事例を取り上げ、誠実な学びと研究を考えるという形式となっている。例え

ば、実験レポート用のデータを紛失してしまった学生が、友人の実験結果を見せてもらい、自分の数値をでっちあげるという状況がモノローグで語られる。自分ならどのように行動するか、大学での学びがどのようなものであるかを問いかけた上で、レポートを書くことの意義を解説している。冊子で取り上げた事例は非常に具体的なものであり、登場人物の語りも臨場感がある。誠実な学びや研究倫理といった概念は、初年次生にとってはなじみのないものだと思われるが、身近な状況に結びつけて検討できるようになっている。

2点目が、筆者自身が作成に関わる『東北大学レポート指南書』である（東北大学学務審議会，東北大学高度教養教育・学生支援機構, 2017b）。これはタイトルが示すように、レポート作成支援に絞った冊子である。本書の第II部付録の「盗用を定義し避ける」でも述べられているように、盗用防止策でまず重要なのは、学生のライティング能力の向上である。同冊子は40ページ程度のものであるが、参考文献の読み取りからアウトラインの作成など、適切な引用を行うために各段階で留意すべき点が盛り込まれている。

こうした教材の発行は、学生への教育という点だけでなく、教員への働きかけという点でも意義がある。上記の冊子は、初年次教育での活用を呼びかける計画であり、教材を利用した教員間で対話が生まれることを期待している。本書の刊行を含め、こうした取り組みは小さな歩みであるが、研究倫理について議論をする土壌づくりへとつなげたい。

【謝辞】

本書の企画、出版において、東北大学高度教養教育・学生支援機構の関内隆氏（東北大学出版会理事）に貴重なご助言を賜りました。また、東北大学高度教養教育・学生支援機構事務室の笘居文葉氏、鎌田裕子氏には、スケジュール管理や編集作業にご尽力いただきました。東北大学出版会事務局の小林直之氏には、編集作業の全般においてご支援いただきました。ここに記して謝意を表します。

【参考文献】

東北大学高度教養教育・学生支援機構(2015).『研究倫理の確立を目指して:国際動向と日本の課題』東北大学出版会.

東北大学学務審議会、東北大学高度教養教育・学生支援機構(2017a).『東北大学学習・研究倫理教材 Part 1: あなたならどうする?誠実な学びと研究を考えるための事例集』

東北大学学務審議会、東北大学高度教養教育・学生支援機構(2017b).『東北大学学習・研究倫理教材 Part 2: 東北大学レポート指南書』

文部科学省(2014).「研究活動における不正行為への対応等に関するガイドライン(平成 26 年 8 月 26 日文部科学大臣決定)」http://www.mext.go.jp/b_menu/houdou/26/08/1351568.html

山崎茂明(2013).『科学者の発表倫理:不正のない論文発表を考える』丸善出版.

山崎茂明(2015).『科学論文のミスコンダクト』丸善出版.

# 執筆者一覧

羽田　貴史
(東北大学高度教養教育・学生支援機構大学教育支援センター長／教授)
山崎　茂明（愛知淑徳大学人間情報学部教授）
大隅　典子（東北大学大学院医学系研究科教授）
石井　怜子（麗澤大学）
鎌田美千子（宇都宮大学准教授）
吉村富美子（東北学院大学文学部英文学科教授）
菅谷奈津恵（東北大学高度教養教育・学生支援機構准教授）


企画担当　　　菅谷奈津恵、羽田　貴史
編集担当　　　菅谷奈津恵

責任ある研究のための発表倫理を考える

Publication Ethics and Considerations for
Responsible Research Conduct

© 東北大学高度教養教育・学生支援機構 2017

| | |
|---|---|
| 2017 年 3 月 24 日　初版第 1 刷発行 | |
| 編　者 | 東北大学高度教養教育・学生支援機構 |
| 発行者 | 久道 茂 |
| 発行所 | 東北大学出版会 |
| | 〒980-8577　仙台市青葉区片平 2-1-1 |
| | TEL：022-214-2777　FAX：022-214-2778 |
| | http://www.tups.jp　E-mail：info@tups.jp |
| 印　刷 | 笹氣出版印刷株式会社 |
| | 〒984-0011　仙台市若林区六丁の目西町 8-45 |
| | TEL：022-288-5555　FAX：022-288-5551 |

ISBN978-4-86163-278-5　C3037

定価はカバーに表示してあります。
乱丁、落丁はおとりかえします。

## 「高等教育ライブラリ」の刊行について──

　東北大学高等教育開発推進センターは高等教育の研究開発、全学教育の円滑な実施、学生支援の中核的な役割を担う組織として平成16年10月に設置された。また、本センターは平成22年3月、東北地域を中心に全国的利用を目指した「国際連携を活用した大学教育力開発の支援拠点」として、文部科学省が新たに創設した「教育関係共同利用拠点」の認定を受けた。この拠点は大学教員・職員の能力向上を目指したFD・SDの開発と実施を目的としている。

　本センターはその使命を果たすべく、平成21年度までに研究活動の成果を東北大学出版会から9冊の出版物として刊行し、広く社会に公開・発信してきた。それはセンターを構成する高等教育開発部、全学教育推進部、学生生活支援部の有機的連携による事業で、高大接続からキャリア支援に至る学生の修学・自己開発・進路選択のプロセスを一貫して支援する組織的活動の成果である。これらの出版は高等教育を専門とする研究者のみならず、広く大学教員や高校関係者さらには大学教育に関心を持つ社会人一般にも受け入れられていると自負しているところである。

　そうした成果を基盤として、共同利用拠点認定を機に、活動成果のこれまでの社会発信事業をより一層組織的に行うべく、このたび研究活動の成果物をシリーズ化して、東北大学高等教育開発推進センター叢書「高等教育ライブラリ」の形で刊行することとした次第である。「高等教育ライブラリ」が従来にもまして、組織的な研究活動成果の社会発信として大学関係者はもとより広く社会全体に貢献できることを願っている。

平成23年1月吉日　木島　明博（第3代センター長）

高等教育の研究開発と、教育内容及び教育方法の高度化を推進する

# 高等教育ライブラリ
東北大学高等教育開発推進センター
東北大学高度教養教育・学生支援機構

■高等教育ライブラリ1
## 教育・学習過程の検証と大学教育改革
2011 年 3 月刊行　A5 判／定価（本体 1,700 円＋税）

■高等教育ライブラリ2
## 高大接続関係のパラダイム転換と再構築
2011 年 3 月刊行　A5 判／定価（本体 1,700 円＋税）

■高等教育ライブラリ3
## 東日本大震災と大学教育の使命
2012 年 3 月刊行　A5 判／定価（本体 1,700 円＋税）

■高等教育ライブラリ4
## 高等学校学習指導要領 vs 大学入試
2012 年 3 月刊行　A5 判／定価（本体 1,700 円＋税）

■高等教育ライブラリ5
## 植民地時代の文化と教育 ── 朝鮮・台湾と日本 ──
2013 年 3 月刊行　A5 判／定価（本体 1,700 円＋税）

■高等教育ライブラリ6
## 大学入試と高校現場 ── 進学指導の教育的意義 ──
2013 年 3 月刊行　A5 判／定価（本体 2,000 円＋税）

■高等教育ライブラリ7
## 大学教員の能力 ── 形成から開発へ ──
2013 年 3 月刊行　A5 判／定価（本体 2,000 円＋税）

■高等教育ライブラリ8
## 「書く力」を伸ばす ── 高大接続における取組みと課題 ──
2014 年 3 月刊行　A5 判／定価（本体 2,000 円＋税）

■高等教育ライブラリ9
## 研究倫理の確立を目指して ── 国際動向と日本の課題 ──
2015 年 3 月刊行　A5 判／定価（本体 2,000 円＋税）

■高等教育ライブラリ10
## 高大接続改革にどう向き合うか
2016 年 5 月刊行　A5 判／定価（本体 2,000 円＋税）

■高等教育ライブラリ11
## 責任ある研究のための発表倫理を考える
2017 年 3 月刊行　A5 判／定価（本体 2,000 円＋税）

■高等教育ライブラリ12
## 大学入試における共通試験
2017 年 3 月刊行　A5 判／定価（本体 2,100 円＋税）

# 東北大学高等教育開発推進センター編　刊行物一覧

## 「学びの転換」を楽しむ　―東北大学基礎ゼミ実践集―
A4 判／定価（本体 1,400 円 + 税）

## 大学における初年次少人数教育と「学びの転換」
―特色ある大学教育支援プログラム（特色 GP）東北大学シンポジウム―
A5 判／定価（本体 1,200 円 + 税）

## 研究・教育のシナジーと FD の将来
A5 判／定価（本体 1,000 円 + 税）

## 大学における学生相談・ハラスメント相談・キャリア支援
―学生相談体制・キャリア支援体制をどう整備・充実させるか―
A5 判／定価（本体 1,400 円 + 税）

## 大学における「学びの転換」とは何か
―特色ある大学教育支援プログラム（特色 GP）東北大学シンポジウム II―
A5 判／定価（本体 1,000 円 + 税）

## ファカルティ・ディベロップメントを超えて
―日本・アメリカ・カナダ・イギリス・オーストラリアの国際比較―
A5 判／定価（本体 1,600 円 + 税）

## 大学における「学びの転換」と言語・思考・表現
―特色ある大学教育支援プログラム（特色 GP）東北大学国際シンポジウム―
A5 判／定価（本体 1,600 円 + 税）

## 学生による授業評価の現在
A5 判／定価（本体 2,000 円 + 税）

## 大学における「学びの転換」と学士課程教育の将来
A5 判／定価（本体 1,500 円 + 税）